MÉMOIRE

SUR

LES INSTITUTIONS DE POLICE

CHEZ LES ARABES, LES PERSANS ET LES TURCS.

EXTRAIT N° 5 DE L'ANNÉE 1860

DU JOURNAL ASIATIQUE.

MÉMOIRE

SUR

LES INSTITUTIONS DE POLICE

CHEZ LES ARABES, LES PERSANS ET LES TURCS,

PAR

LE DR WALTER BEHRNAUER,

ATTACHÉ À LA BIBLIOTHÈQUE IMPÉRIALE DE VIENNE.

PARIS.

IMPRIMERIE IMPÉRIALE.

M DCCC LXI.

MÉMOIRE

SUR

LES INSTITUTIONS DE POLICE CHEZ LES ARABES,

LES PERSANS ET LES TURCS.

AVANT-PROPOS.

Dans mes recherches sur l'histoire des Arabes, des Persans et des Turcs, je me suis occupé particulièrement de leur vie intérieure et de leur administration politique au moyen âge. C'est ainsi que j'ai publié, sous le titre de *Dustur ulamal fi işlaḥ ilhalel*, dans le tome XI du Journal de la Société orientale d'Allemagne, pages 111-132, la traduction d'un petit, mais intéressant travail de Hadji Khalfa, sur les finances de l'Empire Ottoman dans le XVIIe siècle. Depuis ce temps, j'ai recueilli les textes turcs de deux importants mémoires sur l'état des finances de l'Empire Ottoman, l'un composé par Kodja ou

[1] Le mémoire qu'on va lire, et qui présente de l'importance, traite d'un sujet pour lequel il fallait surtout recourir aux sources orientales. Parmi les ouvrages que l'auteur a mis à contribution, il en est quelques-uns qui ne se trouvent pas à Paris; de plus, l'auteur, qui est Allemand, n'a pas une bien grande habitude du français. Quelques changements ont été faits à la rédaction primitive; mais le fond est resté comme il était, et si, en certains endroits, l'expression n'est point parfaitement claire, il suffira d'un peu d'attention pour s'y reconnaître. — REINAUD.

Kodjibeg, le confident du sultan Mourad IV, en 1040 de l'hégire (1630 de notre ère), traitant des causes de la décadence de l'Empire Ottoman après Sulaiman II (1520-1566). Le résumé de cet intéressant mémoire, connu sous le nom de *Risâléï Kodjibeg,* se trouve aussi dans le tome XI du Journal de la Société orientale de l'Allemagne, page 112. Grâce à M. E. Bérézine, professeur à Saint-Pétersbourg, j'ai reçu, l'année dernière, une collation du manuscrit turc de la Bibliothèque impériale de Vienne (*Hist. Osm.* 79) avec celui de la Bibliothèque impériale publique de Saint-Pétersbourg (*Dorn,* n° 534, p. 476), exécutée par un jeune orientaliste, M. Timayeff, et maintenant je pourrai élaborer mon mémoire sur cette *risalé.* L'autre est le *Kanounnamé* du sultan Mohammed IV, rédigé par l'écrivain connu sous le nom de *Hezarfenn,* que j'ai transcrit d'après le manuscrit turc n° 91 de la Bibliothèque de Saint-Marc, à Venise (un grand volume in-fol. de 122 feuillets). Le bibliothécaire de cette bibliothèque, M. l'abbé Valentinelli, a bien voulu me l'envoyer à Vienne, et je lui exprime ici mes remercîments pour sa bonté éclairée. Pour l'histoire de l'administration en Perse, j'ai dirigé mon attention sur un ouvrage persan très-rare, et portant le titre de دستور الكاتب فى تعيين المراتب « Le Guide du secrétaire, dans la détermination des degrés des charges, » par le secrétaire Mohammed ben Hindouschâh Annakhdjivânî, surnommé *Schamsulmunschi.* Cet ouvrage fut composé pendant le gouvernement du sultan Owais Behadirkhan l'*Ilkhanien,* en 759 ou 760 de l'hégire (1356-1357 de notre ère), auquel il est dédié. Son importance pour l'histoire de l'administration des Mongols en Perse consiste dans un aperçu complet de la hiérarchie des charges pendant ce temps, accompagné du formulaire des diplômes. M. le baron Hammer Purgstall en a donné une annonce détaillée dans les Annales littéraires de Vienne (*Wiener Jahrbücher der Literatur,* t. LXVIII, p. 33-39, n° 185). Le manuscrit de cet ouvrage se trouve à présent dans la Bibliothèque impériale de Vienne (nouv. fonds, 185).

Les historiens arabes ne nous parlent guère que de l'éclat et de la gloire de leur nation, de ses combats et de ses conquêtes; ils aiment la description des champs de bataille et des trophées; mais ils passent très-rapidement sur les opérations du commerce, qui se fait dans la paix. Je n'en étais que plus heureux de trouver, parmi les ouvrages arabes qui traitent des sciences politiques, un travail complet sur les différentes branches de la police municipale, c'est-à-dire sur la *ḥisba* (الحسبة), composé pour les besoins du titulaire de cette charge, au commencement du XIIIe siècle de notre ère, par Abdurraḥmân ibn Nasr ben Muhammed ibn Abdallâh Alnabrâwî Aschschâfiî, ouvrage dont les copies sont très-rares dans les bibliothèques de l'Europe. Celle dont j'ai fait usage pour ce mémoire appartient à la Bibliothèque impériale de Vienne (nouveau fonds, n° 272). L'auteur nous donne un aperçu complet sur l'administration intérieure des villes arabes au moyen âge, principalement sous la dynastie des sultans mamlouks d'Égypte, pendant le temps où la secte des Bathiniens avait acquis son plus grand développement (manuscrit arabe de Vienne, fol. 44 v°, l. 11), et montre, d'une manière très-claire, combien la civilisation européenne doit à l'Orient par le commerce avec la Syrie et l'Égypte pendant les croisades. Un autre exemplaire se trouve dans la bibliothèque nommée *Refâiya*, à Leipzig, dans la bibliothèque de l'Université; il fut fait à Alep, l'an 1222 de l'hég. (1807 de notre ère). Un autre ouvrage du même genre, qui appartient à la bibliothèque Bodléienne à Oxford (voy. *Catalog. codd. mss. or.* part. 2, vol. I, p 96, n° 97; éd. Nicoll), porte le titre de: كتاب معالم القربة فى احكام الحسبة « Livre des marques de la familiarité avec les règles de la *ḥisba.* » Il a été composé par Moḥammed ibn Aḥmed, connu sous le nom de *Ibn Alaḥvah* (ابن الاحوه) Alkoraschî Aschschâfiî Alascharî. D'après l'aperçu donné par Nicoll, nous pouvons présumer que cet ouvrage (295 pages in-fol. en belle écriture) contient, dans ses soixante et dix chapitres, un travail plus détaillé sur les fonctions du *muhtasib*, que celui d'Annabrawi, dans ses quarante chapitres [1].

Aucun bibliographe oriental ne mentionne ces ouvrages. Hadji Khalfa se contente de citer, dans son Dictionnaire bibliographique (éd. Flügel, t. VI, p. 400-401), sous les numéros 14082 et 14083, deux ouvrages : نهاية الرّتبة الشريفة فى طلب الحسبة « l'extrémité de l'autorité politique dans la demande de la *ḥisba*, » par le Scheikh Ibn Abdarrahman ben Nasr ben Abdallâh Aladawi, dont le livre, il est vrai, commence par les mêmes mots que celui d'Annabrâwi, et est divisé en quarante chapitres; et نهاية الرّغبة فى طلب الحسبة « l'extrémité du désir dans la demande de la charge de la *ḥisba*, » composé par le Scheikh Djalâladdîn Abdarraḥmân ben Nasr Attabrîzi Aschschâfiî, qui a divisé aussi son travail en quarante chapitres, avec une subdivision en sections. Le commencement de cet ouvrage, que Hadji Khalfa cite, et la subdivision des chapitres en sections, se trouvent tout à fait de même dans l'ouvrage d'Annabrawi, et il est vraisemblable qu'une rédaction originale plus détaillée, comme, par exemple, celle d'Ibn Aḥwah, a été la base de ces trois ou quatre résumés, adaptés aux besoins de contrées différentes, ou que ces trois ou quatre ouvrages n'en font qu'un seul, mais modifié et augmenté par les différents auteurs, ou plutôt rédacteurs [2].

Il ne sera point superflu d'appeler l'attention des orientalistes sur deux autres ouvrages intéressants pour la connaissance de la vie intérieure des Arabes, l'un sous le titre : كتاب المختار فى كشف الاسرار « Livre de la quintessence choisie dans le dévoilement des secrets, » composé par Abdurraḥman ibn Abi Bakr Addimischkî, connu sous le nom

[1] M. Behrnauer a reçu récemment un index complet des chapitres de cet ouvrage, auquel il se propose de consacrer une notice particulière. — REINAUD.

[2] On verra dans la deuxième partie, qui est consacrée à la reproduction de l'ouvrage d'Annabrawi, apparaître les règlements de Gazan, khan mogol de Perse, qui florissait vers la fin du XIIIe siècle de notre ère. — REINAUD.

de *Djaubari* (الجوبرى), par ordre du prince ortokide Almalik Almasoud. La copie qui se trouve à la Bibliothèque impériale de Vienne, en beau naskhi (nouv. fonds, n° 154), avait été faite pour l'émir Schâdbek Almaliki Alaschrafi, Atabek de Syrie, au VIIe siècle de l'hégire. Ce livre traite des secrets des différentes branches de la société, principalement des artisans et ouvriers, et son importance pour la littérature arabe résulte des sources dont l'auteur a fait usage, au nombre de plus de trois cents (ms. arabe de Vienne, fol. 2 v°, l. 6), et dont la plupart ne sont pas arrivées jusqu'à nous. M. de Hammer Purgstall a donné une annonce du contenu de l'ouvrage de Djaubari dans le *Wiener Jahrbücher der Literatur*, t. LXVI, p. 47, n° 154. L'autre a pour titre : منافع الحيوان « Les avantages de tout ce qui vit, » composé en persan par Zainaddin Mohammed ben Husain Elmausili Elḥanafi, en 720 de l'hégire = 1320 de notre ère (l'auteur est mort en 725 de l'hégire = 1324 de J. C.). Il traite, après l'énumération des bêtes, des oiseaux, des plantes et des fruits, de la connaissance des couleurs et des huiles, des artifices de l'oisellerie et de la pêcherie, etc. La copie de cet ouvrage se trouve aussi dans la Bibliothèque impériale de Vienne, nouveau fonds, n° 156. (Voy. sur son contenu, Hammer Purgstall, *Wiener Jahrbücher der Literatur*, t. LXVI, p. 50, n° 156.)

PREMIÈRE PARTIE.

TÉMOIGNAGES ÉPARS SUR LES INSTITUTIONS DE POLICE CHEZ LES NATIONS MUSULMANES.

Les Arabes laissèrent à chaque ville, dans les premiers temps de leur empire, ses lois particulières, sa police, ses coutumes, ses chefs civils et ses magistrats; mais plus tard, quand il fallut rappeler les habitants pour cultiver les terres en friche, et quand il fallut affermer de grands terrains et exploiter les monopoles dont les empereurs byzantins avaient eu la jouissance, les adhérents de l'islamisme, qui s'augmentaient de jour en jour, durent avoir des privilèges et des emplois; il fallut établir une administration des affaires civiles, principalement pour la conservation de la propriété et de l'ordre public en général. Le premier qui fit la ronde durant la nuit fut Abdallâh ibn Masoud, et ce fut par l'ordre d'Abou Bekr, qui le chargea de faire la ronde dans la ville de Médine. Suivant le récit d'Abou Daoud, fondé sur l'autorité d'Amasch, qui le tenait de Zaid, on vint trouver Abdallah ibn Masoud et on lui dit : « Voici un homme dont la barbe dégoutte de vin; » sur quoi il répondit : « Il nous a été défendu d'espionner; mais si quelque chose de contraire à l'ordre s'offre à nos yeux, nous devons punir. » Ṭalibi rapporte la même chose d'une manière un peu différente, sur l'autorité de Zaid ibn Wahab, suivant lequel on dit à Abdallah ibn Masoud : « As-tu quelque chose à ordonner par rapport à Walid ben Akaba, dont la barbe dégoutte de vin, » et il répondit : « Il nous a été défendu d'espionner; mais si quelque chose de contraire à l'ordre s'offre à nos yeux, nous punissons[1]. » Omar ibn Alkhattab, étant khalife, faisait la ronde (طوان) lui-même, accompagné d'*Aslam* son affranchi[2]; souvent il prenait aussi avec lui Ab-

[1] Conf. sur ce passage, Makrizi, *Description de l'Égypte*, éd. arabe de Boulak, t. II, p. ٢٢٠, sous l'article de ولاية; de Sacy, *Abdollatif*, p. 381, note 6, et Aboulféda, éd. Reiske, I, 252.

[2] Voy. Abou Nadjib Suhrwardi, سراج الملوك « Miroir ou lan-

durraḥmân ibn Auf [1]. Après la mort du khalife Ali ben Abōu-Ṭalib, nous trouvons le *sâhib usschorta* (صاحب الشرطة) chargé de garder la sûreté des villes, le même qui est nommé plus tard الوالى (*al-wâli*), le commandant du guet. Le mot شرطة désigne la garde de la ville qui faisait patrouile pendant la nuit, nommée ailleurs عسس, et qui déjà avait été organisée par le khalife Omar; le commandant encore aujourd'hui s'appelle عسس باشى à Constantinople.

Zajâd fut le premier qui fit marcher devant lui la garde de la ville armée de bâtons et de massues, et qui préleva des gages sur les gens des marchés. (*Awaïl* اوايل, par Sojouthi, d'après la rédaction d'*Alidedé*, manuscrit arabe de la Bibliothèque impériale de Vienne, N. F. 198, fol. 53° l. 1-4. اوّل من اتّخذ العسّ وسيّر بين يديه بالضرب ومشى بين يديه بالاعمد زياد ابن ابيه، واوّل من اخذ على اهل السوق اجرًا من جهة العسّ زياد.)

Ibn Khaldoun a donné dans ses Prolegomènes [2] la description suivante de la charge dont il s'agit :

« Celui qui exerce les fonctions de chef de la *chorta* porte de nos jours en Ifrîkïa [3] le titre de *hakem;* dans le royaume d'Andalousie, on le nomme

terne des rois, » trad. turque, N. F. 285, fol. 38 r°, ms. de la Bibliothèque impériale de Vienne.

[1] Voy. Sari Abdullah, نصيحة الملوك « le Conseil des rois », N. F. 282, ms. turc de la Bibliothèque impériale de Vienne, fol. 126 r°.

[2] *Recueil des Notices et extraits*, t. XVII, p. I, p. 30 et suiv.

[3] La Tunisie, Tripoli et la province de Constantine.

sâhib el-medîna (maître de la ville), et dans l'empire des Turcs (*mamlouks*) on le désigne par le titre de *wâli*. Cette charge est réservée au chef de la force armée. L'autorité de l'officier qui l'exerce s'étend, en certains cas, jusque sur le souverain. Ce fut sous la dynastie abbaside que l'on institua l'emploi de *sâhib usschorta*. Celui qui en était revêtu avait pour mission de réprimer les crimes; d'abord, par l'établissement d'une enquête, puis par la punition du coupable, une fois le crime constaté. Il faut savoir que la loi divine ne prend pas connaissance des crimes dont l'existence n'est pas soupçonnée; elle ne châtie que les crimes constatés. C'est l'administration civile qui s'occupe des premiers; elle établit une enquête afin de les constater, puis elle soumet les auteurs à des peines corporelles. Pour arriver à ses fins, elle force les accusés à faire des aveux, toutes les fois qu'elle ne découvre par des circonstances accessoires (qui puissent démontrer leur culpabilité). Cela se fait en vue de l'intérêt général. L'officier qui, dans le cas d'abstention de la part du kadi, se charge de faire l'enquête et d'appliquer la peine, s'intitule *sâhib usschorta*. Quelquefois on distrait une partie des attributions du kadi pour les déférer à ce fonctionnaire; telles sont les questions de meurtre et l'application de toutes les peines établies par la loi. Autrefois le gouvernement entourait cette charge d'une haute considération et ne la confiait qu'à l'un des grands chefs militaires ou bien à un des personnages les plus marquants du corps des affranchis.

Les gens du peuple et les individus mal famés étaient les seuls de toutes les classes de la population qui se trouvaient soumis à l'autorité du *sâhib usschorta*, fonctionnaire chargé de réprimer les excès des méchants et des débauchés. Dans l'empire des Oméïades espagnols, cette charge formait deux administrations, la grande *schorta* et la petite. L'autorité de la première s'étendait également sur les grands et le peuple, ainsi que sur tous les fonctionnaires publics; pour réprimer les actes d'oppression, elle en châtiait les auteurs, leurs parents et les personnages distingués qui leur étaient attachés. La petite *schorta* ne s'occupait que des gens du peuple. Le chef de la grande *schorta* avait son siége à la porte du palais impérial; plusieurs hommes[1] se tenaient assis devant lui et ne quittaient leurs places que pour exécuter ses ordres. Les fonctions de cet office étaient exercées d'abord par un des grands officiers de l'empire; mais, plus tard, on les attribua au vizir ou au grand chambellan. Dans l'empire almohade du Maghreb, le chef de la *schorta* ne jouissait que d'un certain degré de considération; il ne pouvait étendre son autorité sur toutes les classes de la société, et encore moins sur les fonctionnaires publics. Cette charge ne se confiait d'abord qu'à l'un des grands officiers de l'empire; mais elle a maintenant perdu toute sa considération, étant tombée entre les mains des créatures du souverain[2]. Aujourd'hui, dans le Maghreb,

[1] Tous les manuscrits portent رجل, mais il faut lire رجال.

[2] En Arabe, مصطنع (*mostaná*), c'est-à-dire *lié par des bienfaits;*

elle appartient à l'une des familles dont les chefs étaient des affranchis ou des créatures du prince. En Orient, dans l'empire turc (mamlouck), elle se confie à un des grands dignitaires turcs ou à un descendant d'une des familles kurdes qui avaient gouverné (l'Égypte) avant les Turcs. Pour l'exercer, on choisit indifféremment, dans l'une ou dans l'autre de ces deux catégories, un individu d'un caractère ferme, capable d'exécuter ses décisions, d'étouffer les semences du vice, d'extirper le mal, de détruire les lieux de débauche et de dissiper les gens qui les fréquentent. Il applique les peines prescrites par la loi et celles qui sont établies par l'administration civile, ainsi que cela doit se faire dans une ville où l'on tient à maintenir l'ordre public. »

M. Michel Amari a fait observer dans les notes de sa traduction de la description de la Sicile, par Ibn Djobair (*Journal Asiatique* de 1846, p. 229, note 61), qu'il semble que le même système d'un chef de police a été adopté en Sicile par les musulmans, et qu'on l'a conservé, même sous la domination chrétienne, tant qu'il exista des populations musulmanes. En effet, Ibn Djobair raconte qu'il existait à Palerme un kadi, et nous voyons, dans les lois de la dynastie aragonaise de Sicile, que

le corps des *mostanâ* se recrutait parmi les orphelins sans famille et sans appui. Le sultan les faisait élever au palais, sous ses yeux. Il accordait, par préférence, à ces *mostanâ*, les emplois les plus importants. Les *Fityan el-Hodjer* de la dynastie Abbaside, et les *Itch-Oghlan* de l'empire turc, formaient des corps tout à fait semblables à celui des *mostanâ*.

les patrouilles de la police s'appelaient *xurta* jusqu'au XIVe siècle. M. Quatremère décrit, d'après le *Mesâlik el-absâr* [1], le ressort des wâlis en Égypte, sous la dynastie des sultans mamlouks; il dit que l'usage voulait que les wâlis de chaque ville, c'est-à-dire les commandants du guet اصحاب الشرط [2] apprissent chaque jour, de la bouche des fonctionnaires chargés par eux de la surveillance des quartiers, tous les événements qui y étaient arrivés, qu'ils consignassent ces détails dans un mémoire spécial, qui était mis sous les yeux du sultan. Ibn Khaldoun dit qu'on établit sous ces dynasties un magistrat qui jugeait d'après les maximes d'une politique sévère, sans avoir besoin de s'en tenir à la lettre des formes légales. L'auteur de l'*Inscha* raconte que l'officier de la police de Caire (متولى القاهرة) portait autrefois le titre de صاحب الشرطة (*sâhib usschorta*); sa première institution remontait au khalife Osman ben Affân. De son temps, ce magistrat avait sous sa juridiction la police de Fostât (ولاية مصر) réunie à celle du Caire et de la banlieue. C'était lui qui était chargé d'appliquer la peine du talion, d'infliger les punitions légales, d'inspecter les prisons et de faire fermer et ouvrir les portes de la ville. Il devait faire les rondes dans les lieux qui étaient supposés renfermer des richesses ou des étoffes

[1] *Histoire des sultans Mamlouks*, I, 109, note 140.

[2] Quatremère, *Mémoires sur l'Égypte*, II, 237; le commandant du guet, l'émir Alameddin Sandjar, était sollicité de redoubler de vigilance pour prévenir les incendies. (Voy. aussi p. 241, 243, 250, 258.)

précieuses; il ne pouvait même coucher hors de la ville, à moins d'une permission par écrit, parce qu'il était à craindre que, pendant son absence, un incendie n'arrivât, qu'un magasin ne fût dévalisé, une prison forcée ou qu'on ne connût d'autres délits. Jusqu'au règne de Melik Mouayad, cet officier avait le privilége de faire battre à sa porte un tambour (طبلخاناه), et il possédait un bénéfice territorial (اقطاع) du genre de ceux dont les émirs du même rang jouissaient. Mais au temps de l'auteur de l'*Inscha*, tout cela était abandonné.

Dans le diplôme (مرسوم) qui était délivré au chef de la police, sa charge était désignée par le titre de ولاية. Dans un passage de l'Histoire de l'Égypte, par Ahmed Askalâni, le wâli est confondu avec le muhtasib; mais plus loin l'écrivain se contredit, car il nomme conjointement ces deux officiers, qui se mirent ensemble en marche et firent, par ordre du sultan, une ronde dans les lieux du Caire qui étaient le siége du désordre. Vansleb explique dans sa *Relation de l'Égypte*, p. 353, le mot *wâli* par celui de *grand prevôt*, et Khalil Dâhiri (ms. de la Bibliothèque impériale de Paris, n° 695, fol. 359 r°) nomme des officiers portant le titre de *wâli* et qui étaient dans chaque province subordonnés au كاشف[1].

Le wâli (le préfet de police) est désigné aussi, dans les *Makamât* de Hariri (2ᵉ éd. par Reinaud et De-

[1] Conf. l'édition du texte arabe des *Mille et une Nuits*, par M. Habicht, t. II, p. ١٣ et ١٣١, et M. Lane, *Thousand and one Nights*, I, p. 331 et 420, note 9.

renbourg, p. ٢٦١), par le titre de صاحب المعونة, et le commentaire nous donne l'explication suivante pour cette dénomination : هو المرتّب لتقويم امور العامّة فكانّه معين المظلوم على الظالم والمعونة والاعانة بمعنى يعنى الوالى قال الشريشى هو والى الجنايات الخ « c'est-à-dire, c'est celui qui est employé pour l'administration des affaires du peuple, de manière qu'il aide l'opprimé contre son adversaire opprimant, et les mots المعونة et الاعانة ont le même sens. Ici Hariri entend le wâli. Son commentateur Scharîschî ajoute : C'est l'officier chargé de réprimer les crimes, etc. » D'un autre côté, le *sâhib ulmaoûnah* avait le droit d'emprisonner les criminels; car Makrizi mentionne dans sa *Description de l'Égypte* (éd. arabe de Boulak, t. I, p. ٣٦٣) la prison nommée حبس المعونة, qui était au Caire. Cette prison se maintint sous la dynastie des Fatimites, des Ayoubites et des sultans mamlouks, jusqu'à sa démolition, par le sultan Kilaoun, en 680 de l'hégire (1281 de J. C.)[1]. M. Silvestre de Sacy n'a pas donné un renseignement satisfaisant sur ce bâtiment dans son *Traité des Monnaies musulmanes*, p. 38, note 73; car il a cru que c'était une caserne ou un corps de garde, un lieu où logaient les soldats nommés *avan*.

M. Marcel, dans ses *Contes du scheich Mohdy*, t. III, notes supplémentaires, p. 384 et 385, dit que le *nayb* (نايب), appelé autrement le *wâly* (والى), est spécialement chargé au Caire, dans chaque arrondisse-

[1] Makrizi, *Description de l'Égypte*, t. II, p. ١٠٢.

ment, de la police directe et particulière du quartier. Chaque quartier est séparé des autres par des portes qui se ferment soigneusement le soir, et auprès desquelles doivent veiller les gardes de nuit, qui étaient toujours au nombre de deux à chaque porte, attachés l'un à l'autre par le bras, afin qu'ils ne pussent pas voler eux-mêmes en surveillant les voleurs.

La charge du wâli passa dans notre siècle à celle du *zâbit*, en Égypte ضابط[1].

Volney (œuvres complètes, Paris, 1821, t. III, *État politique de la Syrie*, p. 235) rapporte que le wâli exerce la police des marchands, c'est-à-dire qu'il veille sur les poids et les mesures, et sur cet article sa sévérité est extrême ; pour le moindre faux poids sur le pain, sur la viande ou les sucreries, l'on donne cinq cents coups de bâton et quelquefois l'on punit de mort. Les exemples en sont fréquents dans les grandes villes ; cependant il n'est pas de pays où l'on vende plus à faux poids. Les marchands en sont quittes pour guetter le passage du wâli et du muhtasib ; sitôt qu'ils paraissent à cheval, chacun se cache ; on produit d'autres poids, souvent même les débitants font des traités avec les valets qui marchent devant ces deux officiers, et, grâce à une rétribution, ils sont sûrs de l'impunité.

La suite du chef de la *schorta*, sous le gouvernement des khalifes de l'Orient proprement dit, était

[1] Conf. Lane, *Manners and Customs of the modern Egyptians*, t. I, p. 161, et R. Burton, *Personal narrative of a pilgrimage to El-Medinah and Mekkah*. Londres, 1857, in-8°, vol. I, p. 154.

composée d'esclaves affranchis, de clients et d'hommes tout à fait dévoués à leur maître, qui exécutaient avec la plus grande vitesse ses ordres en arrêtant et conduisant les criminels à la mort. Ainsi était Nosaïr, père de Moussa, le conquérant de l'Espagne et chef de la schorta sous le règne de Moavia, le premier khalife des Omayades. En Espagne, la charge du chef de la schorta passa, sous Alhakem Ier, de la position civile à une dignité militaire, et son chef devint avec ce changement un magistrat de police, dont les fonctions consistaient dans la découverte et la punition des délits, et dans les règlements civils de la ville ou du quartier confié à son inspection, comme celle des bâtiments publics. Okba, émir et gouverneur du khalife Hischâm en Espagne, exerça l'administration de la justice avec une grande sévérité, laissant chacun des musulmans et des chrétiens dans la jouissance paisible de ses droits; il plaça des kadis et des kaschifs armés, qui étaient employés au double service de gendarmes et d'espions de police, et qui sont devenus les alguazils de la Sainte-Hermandad. Les gardes de la nuit (خفير au singulier, *Mille et une Nuits*, éd. de Breslau, t. II, p. 13) étaient placés principalement dans les marchés pour y empêcher les vols. Le mot خفارة désigne (conf. Reinaud, *Extraits des historiens arabes des Croisades;* Paris, 1829, p. 504, et Quatremère, *Histoire des sultans Mamlouks*, t. I, p. 207, 208, note) la protection qui était accordée à des personnes sédentaires ou en voyage, et par suite l'impôt, qui était levé en récompense de cette protection.

En Maghrib la garde de la nuit s'appela طوان ou plus complétement[1] طوان الليل (ronde de nuit), ou اصحاب ارباع en Orient. En Espagne on nomma الدَّرَابين *addarabin*[2] les hommes qui gardaient les portes des rues دُرُوب ; car les villes de l'Espagne avaient des portes dans chaque rue, pour être fermées après la prière de l'*atemè*[3]. Chaque rue avait son garde, qui veillait bien armé; il était pourvu d'une lanterne suspendue sur lui et accompagné d'un chien vigoureux, qui l'avertissait, par ses aboiements, si quelque bruit se manifestait quelque part. Ibn Saïd, l'auteur des Étoiles pénétrantes dans l'équité entre les Orientaux et les Occidentaux الشهب الثاقبة في الانصاف بين المشارقة والمغاربة, dit que toutes ces précautions étaient indispensables dans les larges villes de l'Andalousie, à cause du grand nombre de voleurs et de vagabonds qui pouvaient troubler aisément la tranquillité publique pendant la nuit par leurs bruits et leurs cris, ou commettre des ra-

[1] Conf. Al-Makkari, *Analectes sur l'histoire et la littérature des Arabes d'Espagne*, t. I, partie 1, p. ١٣٥, et Freytag, *Chrestomathia arabica*, p. ١٤٩.

[2] Gayangos, *History of the Mohamedan dynasties in Spain*, dit *Addarabien* (*gate-keepers*), vol. I, p. 105. Cependant le texte arabe donne بالدرابين, ce qui est le pluriel du mot persan دربان, qui désigne le portier.

[3] العتمة désigne la troisième partie de la nuit, temps où se fait la seconde prière nocturne.

pines horribles; car ce n'était pas, dans ces temps, une chose extraordinaire d'entendre dire qu'une troupe de larrons avaient attaqué durant la nuit une maison bien fermée, et, y entrant par force, avaient saisi tout ce qu'ils avaient trouvé, et tué quiconque aurait pu leur faire résistance ou aider le lendemain les gendarmes à découvrir les coupables. C'est pour quoi on entendait très-souvent dans l'Andalousie le peuple dire : « La nuit dernière, les voleurs ont attaqué la maison de tel et tel par force, et plus tard il a été trouvé étranglé dans son lit. » Mais de tels crimes n'étaient pas également communs dans toute l'Andalousie et se bornaient aux grandes villes; et aussi ils y étaient plus ou moins fréquents à proportion de la sévérité énergique ou de l'indifférence montrée par les autorités publiques; mais en général nous devons faire observer que, malgré la rigueur la plus grande exercée envers les larrons, au point qu'on appliquait une punition capitale à ceux mêmes qui n'avaient volé que quelques grappes de raisin, le pays, dans beaucoup de lieux, ne fut jamais débarrassé de ce fléau [1].

Une partie essentielle de la police était la réparation des griefs. Le chapitre XI du *Miroir des rois*, d'Abounnadjib Suhrwardi, dans la traduction turque qui se trouve à la Bibliothèque impériale de Vienne

[1] M. de Gayangos raconte une anecdote très-intéressante d'un brigand fameux nommé *Albâziulashâb*, vol. I, p. 106-108. (Conf. en regard du *Pascha de la Nuit*, au Caire (*The Pascha of the Night*), M. Burton, *Personal Narrative of a pilgrimage to El-Medinah and Mekkah*, vol. I, p. 116-117.)

(cf. Hammer, *Länderverwaltung unter dem Chalifate*, p. 243-247), contient un aperçu historique sur le diwân établi pour la découverte des injustices ديوان (كشف مظالم). On y voit que les anciens rois de Perse avaient fixé un jour pour écouter les griefs des sujets, dans lequel jour ils ne s'occupaient pas d'autre chose. Le khalife Abdulmalk ibn Merouân fixa pour ce jour les procès difficiles au kadi de sa cour, Idris Alaudi, et celui-ci apporta une grande rigueur dans l'exécution des lois. Comme les injustices et les cruautés des gouverneurs s'augmentèrent, Omar, fils d'Abdalazîz, présida lui-même aux séances de ce diwân, en exécutant les ordres de la loi et détournant les injustices faites au détriment des innocents; il rendit les biens qui avaient été confisqués par les khalifes précédents à la famille des propriétaires légitimes. Quelques-uns de ses courtisans lui dirent : « Prince des croyans, nous craignons que cette politique n'ait des conséquences fâcheuses pour toi et pour d'autres. » Sur quoi il répondit : « Je ne crains rien que pour le jour de la résurrection. » Plus tard, sous la dynastie des Abbasides, le khalife Almahdi prit part lui-même à la découverte des délits commis, et avait le soin de la restitution des biens volés à leurs propriétaires légitimes. De même Hâdi, Haroun Arraschîd, Almamoun, jusqu'au khalife Almohtadi[1], exécutèrent

[1] Le célèbre Assafedi, dont le commentaire sur la *Risala* d'Ibn Zaidoun sera bientôt donné par moi, et dont l'élaboration a été favorisée par M. Reinaud (conf. mon compte rendu dans le *Journal*

eux-mêmes l'investigation des injustices; mais les khalifes qui régnèrent après Almohtadi confièrent cette recherche des injustices à leurs vizirs, et s'en abstinrent eux-mêmes.

Lorsque la Syrie fut gouvernée par Noureddin Mahmoud, fils de Zengui, celui-ci bâtit à Damas un palais magnifique, qui était appelé دار العدل « la maison de justice[1]. » Il s'y rendait aux jours fixés pour pré-

de la Société orientale de l'Allemagne, t. XIII, cah. III, p. 477-480), raconte que le prince des croyants, le khalife Alkâdir billâh Ahmed, pendant qu'il se promenait une nuit dans les marchés de Bagdad (ms. arabe de la Biblioth. impériale de Paris, suppl. ar. n° 1503, fol. 111 et suiv.), entendit un homme qui disait à un autre : « Le gouvernement de ce méchant a duré trop longtemps pour nous; personne sous lui ne sait comment vivre. » Le khalife expédia un serviteur pour amener cet homme devant lui. Lorsque l'homme fut arrivé, il lui demanda son métier et celui-ci lui répondit : « J'appartiens aux délateurs, dont les explorateurs (les espions, اصحاب المطالعات) se servent pour la connaissance des affaires des hommes : or, durant le gouvernement du prince des croyants, nous sommes mis de côté et il a fait connaître qu'il n'avait pas besoin de nous; notre subsistance nous est arrachée et l'autorité du métier a été brisée. » Alors le khalife lui demanda : « Est-ce que tu connais les hommes de Bagdad qui appartiennent aux délateurs? » et celui-ci lui dit que oui. Puis le khalife fit chercher un kâtib, qui lui écrivit leurs noms; alors il les fit amener devant lui, il assigna à chacun d'eux une somme d'argent et les bannit jusqu'aux frontières les plus éloignées de son empire. Ils furent placés dans ces contrées en qualité d'espions (conf. Quatremère, *Histoire des sultans Mamlouks*, t. I, p. 182, note 63), contre les ennemis de la religion. Enfin il s'adressa aux assistants et leur dit : « Sachez que ces hommes sont ceux que Dieu a faits pour commettre le mal et que leurs poitrines sont pleines de haine envers tout le monde; il faut qu'ils s'abstiennent de faire le mal; en tout cas, il vaut mieux que cette disposition tourne contre les ennemis de la religion que contre les musulmans eux-mêmes. »

[1] Conf. mon édition arabe du *Kitab arraudatain*, par Abou Schamah, publiée à Beyrouth (tirage à part), p. ١٢.

sider les séances, ayant autour de lui les *ulémas* et *fukahas* (les théologiens et jurisconsultes); il écoutait les plaintes des innocents et, dans les procès difficiles, le conseil des savants présents. Dans les autres villes les affaires suivaient la même marche. Le jurisconsulte Abou Tâhir Ibrâhim ben Husain Alhamoudi rapporte qu'il était un jour présent dans la maison de justice à Damas, à côté de Noureddin, lorsque le registre de l'imposition foncière des habitants de la Syrie lui fut présenté. Le prince dit : « Je me suis proposé d'ôter leurs biens aux habitants de Maarrat annâman, vu que des hommes honnêtes m'ont rapporté que les habitants de cette ville, en se donnant un témoignage l'un pour l'autre, ont acquis leurs fortunes d'une manière injuste. » Je lui dis : « Mon roi, Dieu t'a chargé du devoir d'exercer la justice envers tes sujets; veuille examiner toi-même ce qui t'a été rapporté, et ne prends pas une décision appuyée sur une seule assertion; car la population de Maarrat annâman se compose de beaucoup d'âmes, et il est impossible que tous les habitants soient d'accord pour donner un faux témoignage; il n'est pas permis de leur ôter leurs biens sur le rapport d'hommes qui peuvent avoir été induits en erreur. » Après ces mots, Noureddin baissa la tête pour quelques moments; ensuite il la releva et me répondit : « Pour le présent je m'en abstiendrai et j'examinerai moi-même les droits des propriétaires. » Il dicta alors à son secrétaire l'ordre pour le gouverneur (ولّى) de Maarrat annâman de laisser les habitants de ce lieu tranquilles dans leurs possessions, et de les inviter à fournir les preuves de leurs droits. Le secrétaire écrivit cet ordre et le présenta à Noureddin. En ce moment un garçon qui se trouvait sur les bords du Barada, qui coulait dans le voisinage du palais, commença à chanter ces vers à haute voix :

Soyez juste, dès que vos ordres ont de l'influence pour le profit et le dommage.

Conservez les jours de votre règne, car vous êtes exposé à les perdre.

Le monde et sa parure ne sont agréables qu'autant que des souvenirs en restent.

Lorsque Noureddin entendit cette chanson, son visage changea de couleur; il pleura et récita le verset du Coran (sur. II, v. 276) :

Celui à qui parviendra un avertissement du Seigneur et qui mettra un terme à son injustice obtiendra le pardon du passé; son affaire ne regardera plus que Dieu.

Alors il prit le papier sur lequel le secrétaire avait écrit son ordre et il le déchira en pièces.

Dans le diwân pour la découverte et la punition des délits et des injustices il y a cinq classes de fonctionnaires : 1° le conseil, composé du mufti, des ulémas et des jurisconsultes (*fukahas*); 2° les kadis (les juges) et les préfets pour la décision des procès litigieux; 3° les scheikhs et les hommes honnêtes et honorables du lieu pour le témoignage des cas qui se présentent (شهود); 4° les secrétaires pour écrire les procès-verbaux des faits; 5° les grands dignitaires, les confidents (خواص) et les employés de police (حماة دولت), c'est-à-dire les kaschifs et les muhtasibs.

Le khalife Hakim biemrillâh [1] rendit en 390 de l'hégire = 999-1000 de notre ère, à Abd Alaziz ibn Mohammed, la charge d'inspecteur des demandes en réparation des griefs. Cet office était très-important. Makrizi décrit en deux endroits le cérémonial qui s'observait dans les audiences destinées à recevoir les demandes de cette nature. Cet usage, qui avait eu lieu à la cour des Abbasides, se pratiqua toujours en Égypte sous le gouvernement des Fatimites et ensuite sous les Ayoubites, comme sous les princes qui leu succédèrent; mais avec quelques

[1] Hakim faisait souvent la police par lui-même, la nuit et le jour. Dans un temps où il avait défendu aux femmes de sortir, s'il lui arrivait d'en rencontrer quelqu'une en contravention, il la livrait au commandant de ses gardes, qui la faisait expirer sous les coups. Trouvait-il quelqu'un en faute ou qui eût encouru une punition, il l'abandonnait à la brutalité d'un esclave noir nommé Masoud, qui l'accompagnait et qui commettait sur ce malheureux les actes les plus infâmes. A une époque où il avait défendu de travailler durant le jour et ordonné que toutes les affaires, le commerce et tous les travaux se fissent durant la nuit, il rencontra un homme qui travaillait du métier de charpentier après la prière du soir, mais avant le coucher du soleil; il s'arrêta et lui dit : « Ne vous ai-je pas défendu de travailler à cette heure? — Il est vrai, seigneur, lui répondit cet homme; mais autrefois, lorsque l'on travaillait le jour pour gagner sa vie, il arrivait quelquefois que l'on veillait une partie de la nuit. Ce que je fais ici, est aussi une veillée. » Hakim se mit à rire, le laissa faire et permit à chacun de reprendre son train de vie ordinaire. D'autres cruautés sont racontées par Silv. de Sacy, *Exposé sur la religion des Druzes*, t. I, Vie de Hakim, p. 314, etc.

variations dans les formes extérieures. Sous les Fatimites cette fonction fut quelquefois confiée au kadi ulkudât (le kadi suprême), et quelquefois on établit un officier spécial pour la remplir. A certains jours fixes de la semaine cet officier donnait audience à une des portes du palais, et un crieur appelait à haute voix tous ceux qui avaient des requêtes à présenter. La réclamation était faite de vive voix, si les défendeurs résidaient à Misr et au Caire. Alors elle était renvoyée aux wâlis (les préfets de police) ou bien aux kadis avec l'ordre d'y faire droit. Si ceux contre lesquels la plainte se dirigeait n'habitaient point à Misr ni au Caire, la réclamation était remise par écrit; un hagib ou huissier de la porte recevait tous les placets, et, quand il les avait réunis, il les portait au secrétaire de la plume fine (الموقع بالقلم الدقيق), qui y écrivait la décision, après quoi on les transmettait au secrétaire de la grosse plume الموقع بالقلم الجليل), qui écrivait en détail la décision que le premier n'avait fait qu'indiquer. Après cela on mettait toutes les demandes dans un sac et on les présentait au khalife, qui confirmait la décision. Cela accompli, on les remettait dans le sac et on les rendait à l'huissier, qui, se tenant à la porte du palais, transmettait à chaque personne la décision qui la concernait [1].

Sojouthi a aussi décrit le cérémonial usité pour la réception des plaintes, au temps des sultans mam-

[1] Ancien recueil des *Mémoires de l'Académie des inscriptions* t. L, p. 417.

louks. « Voici, dit-il, ce qu'on lit dans Ibn Fadl allâh : Quand le sultan tient l'audience pour recevoir les demandes en réparation des griefs, les quatre kadis des quatre sectes orthodoxes prennent séance à sa droite; après eux, l'intendant du trésor impérial, puis le muhtasib; à la gauche du sultan est assis le secrétaire d'État; devant lui sont le chef du département de la guerre et les greffiers, qui complètent le cercle. S'il s'y trouve un vizir qui soit du nombre des officiers de plume, il se place entre le prince et le secrétaire d'État; si le vizir fait partie des officiers d'épée, il se tient debout à une distance des autres employés. Deux rangées, composées d'écuyers et officiers de la garde-robe et de pages se tiennent debout derrière le sultan, à droite et à gauche. A quinze coudées environ de distance, de l'un et de l'autre côté, sont assis les plus vieux des émirs commandants des compagnies de cent hommes; ces émirs forment le conseil; auprès d'eux sont les émirs qui les suivent en rang et le reste des employés, tous debout; les autres émirs se tiennent debout derrière les émirs du conseil. Derrière le cercle qui entoure le sultan se tiennent debout les huissiers de la porte et les dewâdars (porte-écritoire), pour présenter les requêtes des particuliers et amener les malheureux. On lit les requêtes au prince, qui communique aux kadis les affaires de leur ressort; pour celles qui concernent l'armée, le sultan en confère avec l'intendant du trésor particulier et le secrétaire d'État. Cette audience a lieu le lundi et le jeudi. »

Makrizi, éd. arabe de Boulak, t. II, p. 205 (cf. de Sacy, *Chrestom. arabe*, t. II, 183), fait mention de deux édifices nommés l'*hôtel de la justice* : l'un s'appelait l'*ancien hôtel de la justice* (دار العدل القديمة), et avait été construit par le sultan Baibars en 661 : c'était là qu'il se tenait pour recevoir les plaintes de ses sujets, et pour faire la revue des troupes. Cet édifice subsista et conserva sa destination jusqu'à ce que le sultân Kilaoun eût fait construire le portique dont il va être question. Alors l'*hôtel de la justice* fut abandonné, et en 722 le sultan Melik Annâsir Mohammed le fit démolir, et fit construire à sa place le طبلخانه (dépôt des tambours). Le second édifice auquel s'applique le nom d'*hôtel de la justice* est le portique construit d'abord par Kilaoun, puis détruit et rebâti avec plus de magnificence par son fils Mohammed. Makrizi l'appelle le portique, connu sous le nom d'*hôtel de la justice* الايوان المعروف بدار العدل ; le sultan y donnait audience les lundis et les jeudis, accompagné de tous les grands dignitaires et des kadis, et y recevait les plaintes et les demandes en réparation des griefs. Sous les sultans circassiens, dont le premier fut Melik azzâhir Barkouk, ces audiences continuèrent à avoir lieu, mais seulement pour la forme et sans aucune utilité réelle. L'audience durait peu et l'on se contentait d'y lire quelques requêtes.

Depuis l'établissement de la puissance ottomane en Égypte et en Syrie, la fonction qu'on appelait l'office des réparations des griefs (النظر في المظالم) porta le nom de *jugement administratif* (حكم السياسة). L'exercice en fut confié au vice-roi, au grand chambellan, au préfet de la police de la ville (والى البلد), et aux préfets militaires (متولى الحرب) dans les provinces.

M. Quatremère cite dans l'*Histoire des sultans Mamlouks* (t. II, part. II, p. 4) les gardiens et les hommes préposés à l'éclairage (ارباب الضوء), et dit que ce mot désignait les hommes appelés autrement مشاعلية. (Conf. de Sacy, *Chrestomathie arabe*, t. I, p. 201 et 202.) L'histoire de l'Égypte à l'époque des sultans Mamlouks fait mention de cette classe d'hommes, qui remplissaient exclusivement les professions les plus ignobles et exerçaient les affreuses fonctions de bourreau; leurs talents en ce genre ont mérité le triste avantage d'être cités par les historiens de l'Égypte, comme dans les *Mille et une Nuits*, éd. arabe de Breslau, t. II, p. 182, 183. Ils exécutaient non-seulement les sentences capitales, mais lorsqu'un homme était condamné à se voir promener ignominieusement dans les rues, cloué sur une planche que portait un chameau, ces bourreaux marchaient devant le criminel en criant: « Voilà la juste punition de ceux qui se révoltent contre l'autorité du sultan. » (Ibn Ayâs, *Histoire de l'Égypte*, ms. arabe de Paris 595, t. II, fol. 25). Ils faisaient le métier des crieurs publics; nous les voyons chargés de parcourir la ville durant la nuit et de faire entendre à haute voix une défense adressée à tous les habitants de sortir de leurs maisons avant le jour; c'étaient eux qui, lorsqu'un traité de paix avait été signé, en proclamaient l'annonce dans tous les quartiers de la capitale. Ce fait a le droit d'étonner; la paix est pour chaque population un événement extrêmement agréable; comment pouvait-on choisir, pour annoncer une pareille nouvelle, les hommes qui, dans la société, occupaient le rang le plus infime et la position la plus repoussante?

M. Quatremère a donné un exposé satisfaisant des meschâilis et des bohémiens en Orient (*l. l.* p. 5 et 6). Les bohémiens ont pour attribut distinctif le meschâl (réchaud), qui fait une partie essentielle de leur costume. Or le meschâl devient dans certains cas un instrument de supplice; après l'avoir fait rougir, on l'enfonce sur la tête du criminel, autour de laquelle on le serre fortement. En parcourant l'histoire de l'Orient, nous trouvons à la cour de chaque khalife et de chaque souverain un bourreau sous les titres de سيّاف « porteurs d'épées » ou جلّاد « écorcheurs. » On peut présumer que cet homme chargé d'exécuter les sentences de la justice, et plus souvent employé à satisfaire la vengeance ou la cruauté d'un tyran, était pris parmi les bohémiens.

Nous observons encore que dans le temps des khalifes abbasides il y avait dans chaque ville un homme qui était appelé *sâhi bulbarid* (صاحب البريد), qui avait un large revenu, et dont la fonction était de rapporter au khalife tout ce qui se passait dans la ville et les environs, et aussi la situation et la conduite des gouverneurs et des sujets. C'était une espèce de police secrète. (Voy. Weil, *Geschichte der Chalifen*, t. II, 89; Ibn Batoutah, éd. Defrémery et Sanguinetti, t. III, p. 95, et Noëldeke, *Kitab Jamîni* dans les comptes rendus de l'Académie de Vienne, janvier 1857, p. 4, ou t. XXIII, p. 16.)

En passant aux Persans, je veux donner ensemble tous les titres usités des charges de police (cf. Garcin de Tassy, *Journal asiatique*, mai-juin 1854, p. 487) : 1° کتخدا, les commissaires de police; 2° داروغه, inspecteur de police (le mot تهانادار, inspecteur subalterne de police, est usité dans les Indes); 3° حاکم, chef de police dans les grandes villes; 4° ضابط, le chef de police dans les petites villes, et le commissaire de police proprement dit, et, en même temps, le juge de paix, un pour l'armée et un autre pour les villes; 5° کوتوال, *kutwal;* nous le trouvons dans les تزوکات تیمور (édition Langlès, Paris, 1787, p. 91 et 122), et les Portugais le retrouvèrent dans l'Inde, comme le montre un passage des *Lusiades* de Camoëns. Les fonctions de ce commissaire de police ont été décrites assez exactement dans le Traité de la législation orientale, par Anquetil du Perron, pages 247-251, d'après l'*Akbarnamé* du grand vizir Aboulfadl. (Cf. *Journal de la Société orientale d'Allemagne*, t. XIII, p. 256 et 339.) Le devoir de cet officier est de faire disparaître les malfaiteurs des places publiques, de tenir registre des maisons et des lieux habités, et de déterminer, en même temps, le secours que les citoyens doivent se donner mutuellement; de marquer les quartiers ou rues de maisons de roseaux; de charger de la fonction de commissaire de police un étranger habitué dans l'endroit, et qui soit ami de tout le monde; de tenir note exacte des personnes qui passent dans le village, etc. Puis il doit se tenir dans un coin de la place, la toque en tête; et, du haut de son siége, il doit maintenir le repos et la paix, en détournant les hommes d'aller et venir sans rien faire, et en forçant les fainéants à choisir une occupation. Avant tout, il doit bannir la violence, et ne pas souffrir que personne s'introduise par force dans la maison d'autrui.

Le plus célèbre législateur de la Perse est le sultan Ghazan l'*Ilkhânien*, dont les institutions méritent d'être étudiées ici pour le département de la police. Ses règlements politiques, en général, sont peut-être un renouvellement des institutions des Seldjukides et des rois du Khowarizm, qui étaient tombées en désuétude ou qui avaient perdu de leur valeur dans le pays; mais le mérite du sultan Gazan sera toujours d'avoir redonné la vie à des institutions pourries et ensevelies dans l'oubli, de manière qu'elles purent passer, après la décadence de l'empire ilkhânien, aux dynasties mongoles des Banu Djobân et des Ilkiânes, puis aux dynasties turcomanes connues sous le nom d'*Akkoiounlii* et de *Karakoiounlii*, et à l'Empire Ottoman; enfin à Timur et à la dynastie persane des sofis. Raschide ddin, historien et vizir, raconte (ms. persan de la Bibliothèque impériale de Vienne, fonds mixte, n° 326, fol. 308 r°) que, lorsque

Gazan monta sur le trône, le royaume était infesté de brigands mongols, taziks (persans), kurdes, etc. auxquels se joignaient les esclaves fugitifs et les gens sans aveu; les fainéants, les vagabonds des villes venaient chez eux, et quelques-uns des paysans se rangeaient à leur parti et leur servaient de guides. Si un brigand qui s'était rendu fameux par ses exploits tombait entre les mains de la justice, il trouvait des protecteurs qui empêchaient qu'il ne fût mis à mort.

D'après une ancienne ordonnance, ceux qui voyageaient devaient marcher de compagnie, et se prêter mutuellement assistance. Dans ces temps les voyageurs se concertaient, il est vrai, ensemble quand une bande de voleurs se trouvait sur leur route, et restaient quelque temps réunis; mais, dans certains cas, les voleurs, usant d'artifice, criaient à haute voix, « Nous n'en voulons pas à ceux qui n'ont rien ou qui ont peu, » et ceux-ci se séparaient des autres. Aussitôt les voleurs tombaient sur les derniers. Ils assaillaient les voyageurs près des cantonnements militaires, des villages et des villes, et personne ne se mettait en peine de les réprimer. La situation était arrivée à ce point, que les voleurs avaient des amis et des compagnons parmi les nomades et les paysans. Beaucoup d'hommes savaient cela, mais ils n'osaient pas les dénoncer; et si les voleurs étaient dénoncés, ils se sauvaient par des protections, et le dénonciateur était perdu. Par l'assistance des cultivateurs et des maires des villages, qui étaient liés d'amitié avec eux, les brigands recevaient de tous les côtés tout ce dont ils avaient besoin. Beaucoup d'entre eux venaient fréquemment comme hôtes chez les habitants, et ceux-ci leur donnaient même asile dans les moments de danger. Les brigands avaient aussi dans les villes des amis qui vendaient les effets volés; ils allaient passer, de temps en temps, un ou deux mois avec eux dans les plaisirs, et ils dissipaient ensemble les pièces d'or volées. L'audace des brigands s'éleva jusqu'à ce point, qu'ils attaquaient, la nuit, un émir dans son lit, et le dépouillaient de ses richesses. Les Tetegaouls (Tangaouls) et les gardes préposés pour la sûreté des routes ne faisaient pas autre chose que de prendre aux passants ce qui était à leur convenance; ils ne servaient qu'à aggraver le mal; ils arrêtaient les caravanes sous le prétexte d'y chercher des voleurs, et ils donnaient aux brigands le temps de se mettre sur leurs gardes ou de se placer en embuscade. Ils mettaient les voyageurs à contribution, et ceux qui venaient et allaient avaient moins peur d'être attaqués par les brigands que d'avoir affaire aux Tangaouls; car le dommage qui pouvait leur être fait par les voleurs n'était que fortuit, tandis que, à chaque station, ils étaient exposés à la rapacité des Tangaouls. C'est pourquoi beaucoup de caravanes choisissaient des routes détournées et pleines de difficultés, afin d'éviter la rencontre des Tangaouls.

Pour remédier à ces maux, Gazan ordonna,

1° Que quiconque abandonnerait ses compagnons de route lors d'une attaque des voleurs, et ne concourrait pas, avec les autres voyageurs, à repousser les assaillants, serait considéré comme criminel, et poursuivi, en conséquence, dans sa personne et dans ses biens;

2° Que le cantonnement militaire (خيل خانه), ou le village le plus voisin du lieu où se serait commis le vol, en répondrait (عهده بسردن), surtout si les habitants avaient été prévenus du danger. Chacun serait obligé de découvrir et de poursuivre à l'instant les voleurs, soit la nuit, soit le jour, soit à cheval, soit à pied, jusqu'à ce qu'ils fussent atteints. Enfin il commanda que toute personne du cantonnement militaire, ou du village, ou de la ville, soit Mongol ou Tazik (persan), qui serait convaincue de connivence avec les voleurs, serait sans pitié punie de mort. Le sultan chargea l'émir Incouli [1], l'un de ses confidents, et qui était connu pour son esprit de justice et sa sévérité, de veiller à l'exécution de cette ordonnance. Tous les brigands qui furent pris furent les uns mis à mort, les autres condamnés à porter le carcan au cou; ceux de leurs complices qui les avaient dénoncés furent faits *terkhans*, en récompense de ce service. Gazan fut si satisfait de la sévérité avec laquelle l'émir des Tangaouls avait poursuivi les voleurs, qu'il lui fit cadeau de leurs biens. Grâce à ces mesures, personne n'osa plus se mettre de connivence avec les voleurs. Ceux-ci abandon-

[1] M. d'Ohsson, *Histoire des Mongols*, t. IV, p. 472. Le ms. persan de la bibliothèque impériale de Vienne, fol. 308 v°, porte امير اتتقاول (l'émir *etetegaoul*, ou des tangaouls).

nèrent peu à peu leur métier, et la sécurité se rétablit partout.

Après cela Gazan ordonna que, sur les routes, dans chaque endroit qui pouvait être infesté, des gardes fussent placés en différents points, pour indiquer aux caravanes la direction qu'elles devaient prendre; il leur permit de percevoir un droit, sous le nom de باج, se montant à un demi *aktché* (اقچه) pour quatre mulets ou deux chameaux chargés, et rien de plus. Pour les bêtes de somme non chargées (تهى), et celles qui portaient des comestibles et des vivres, comme le froment, on ne devait rien demander. Si un attentat arrivait, le garde qui était le plus voisin du lieu était chargé d'attraper le voleur; mais il ne lui était point permis d'aller au delà des prescriptions concernant les biens des caravanes, ou bien il devait donner les preuves de leur restitution à leurs propriétaires. Le chef des gardes des routes était l'émir Bouralghy, le fils de l'émir Hifour (حيفور ?), qui, sous le règne d'Arghoun khan, avait été l'émir des Tangaoul. Gazan ordonna à Bouralghy de placer sur chaque route un garde sûr et honnête. Il fit mettre dans les postes, pour l'instruction des gardes, des colonnes de pierre et de chaux et une tablette, sur laquelle le nombre des gardes de chaque poste et la quotité des taxes fixées (شرايط ياساق) pour les voyageurs étaient écrits. Sur la colonne, on avait indiqué que les gardes ne devaient pas camper hors de ces lieux, ni être au delà du nombre fixé, et qu'ils ne pouvaient prendre que la quotité ordonnée. Ces petits monuments étaient appelés *tablettes de justice* (لوح عدل), et leur position était très-évidente. Auparavant quiconque voulait se poster dans le rayon du cantonnement se plaçait sur la grande route, et, sous le costume de Tangaoul, percevait un droit (باج); mais à partir de ce moment il fut écrit sur la tablette que tout individu qui camperait hors des lieux fixés serait considéré comme voleur, et personne d'entre les Mongols et les Taziks (Persans) ne prit plus une autre place dans la nuit. Pendant les deux années que cette ordonnance fut affichée, peu de brigandages furent commis dans les provinces, et si quelque fait de ce genre arrivait par hasard, le sgardes arrêtaient à l'instant les voleurs et les suppliciaient. Grâce à cette sévérité, ce métier se perdit de jour en jour, et la sécurité des routes devint générale.

Gazan ordonna que chaque caravane ou compagnie de voyageurs qui voulait s'arrêter près d'un village, ou d'un cantonnement militaire placé sur les grandes routes, devait d'abord demander si ceux qui infestaient les environs (ديوان حوالى) étaient des voleurs ou non; si l'on disait que oui, la caravane pouvait entrer dans le village ou le cantonnement, et personne n'avait le droit de l'en empêcher. Si l'on répondait qu'il n'y avait pas de voleurs, et que les membres de la caravane, s'arrêtant en plein champ, fussent volés, les hommes du poste en répondaient. Cet ordre ne fut pas applicable aux villes, parce qu'il y aurait eu trop de difficultés. Lorsque les routes furent gardées de cette manière, et que les rôles des noms des gardes et de leurs chefs furent présentés à l'émir Bouralghy, il se trouva que près de dix mille hommes (يك تومان), qui formaient une armée complétement armée, étaient occupés à cette affaire importante. Il ordonna qu'ils ne seraient pas employés à un autre service, et qu'ils se borneraient à protéger la vie et les biens des voyageurs, de manière que ceux-ci pussent s'adonner tout à fait à leur commerce, et que tous les désirs et toutes les prières pieuses qu'ils prononceraient avec sincérité pour le gouvernement fussent exaucés dans la mesure la plus abondante[1].

Nous allons donner les arrêts de Gazan, relativement à la défense de l'usage du vin, d'après le même texte persan de Raschîd-eddin (conf. chap. XXIX, fol. 312 v° et suiv.). Dans tout le royaume, la plupart des personnes s'adonnaient à l'usage du vin et des liqueurs fortes, et l'ivresse amenait dans les marchés et les places publiques des querelles quelquefois sanglantes. Dans toutes les sectes de l'islamisme, l'usage des boissons enivrantes est défendu, et, pour montrer les inconvénients qui en proviennent, il suffit de rappeler qu'on a appelé le vin *la mère des vices* (أُمّ الخَبَائِث). Pour remédier à ce mal, le sultan Gazan fit cette déclaration : « Le vin est prohibé par

[1] A cause de l'importance de la matière, il a été nécessaire de recourir au texte persan, parce que le traducteur précédent de ce passage, M. d'Ohsson, *l. l.* a commis des omissions et des méprises en quelques endroits.

notre législateur et d'autres prophètes; leurs ordonnances contre son usage sont très-expresses; mais, malgré cela, les hommes ne peuvent pas s'en abstenir ni s'en passer. Si nous le défendons aussi absolument, cet ordre ne sera pas tout à fait respecté; nous ordonnons à présent seulement que, dans les villes et marchés, celui qui sera trouvé dans l'état d'ivresse sera saisi, sera mis à nu et lié à un arbre au milieu du marché, de manière que le peuple puisse passer près de lui et l'insulter; cela lui apprendra à changer de conduite.» Cet ordre fut envoyé dans toutes les provinces du royaume, et dans tous les endroits proches et lointains. Dans ce temps il n'était point décent pour personne de se montrer ivre dans la rue; car il n'y avait pas de profit à s'enivrer ni à s'exposer à quelque poursuite. Les inconvénients de l'usage du vin, les disputes et querelles dans les marchés et autres lieux publics avaient cessé. Du reste il fut défendu de descendre dans les maisons pour y chercher des personnes ivres, de peur que les agents subalternes (عوانان) ne commissent quelque indécence, et ne s'en fissent un prétexte pour vexer les particuliers. Le chapitre XXXIX contient l'ordonnance sur la défense des extorsions pratiquées par des gens du peuple, principalement par les muletiers et les chameliers (خربندكان et شتربانان) (ms. persan, f. m. n° 326, fol. 332 r°) et les laquais (پيكان).

Raschîd-eddin raconte qu'auparavant un homme honnête et bien vêtu ne pouvait point passer dans un marché qu'il ne fût assailli par une troupe de muletiers qui lui disaient : « On doit nous donner tant d'or; nous en avons besoin aujourd'hui pour des filles (شاهد), pour le vin et le pain, la viande et d'autres choses nécessaires, et tu nous le donneras. » Si cet homme ne le donnait pas, ou s'il s'excusait, ils se mettaient à l'insulter et à l'accabler d'injures; enfin ils lui arrachaient son or, ou même le frappaient rudement. Souvent arrivait le cas où il n'avait point d'or, et qu'il était obligé d'emprunter; l'or, l'honneur et la réputation étaient perdus, et il était forcé de se sauver hors du marché. Ces gens se tenaient en groupes (جوق جوق) à un coin des rues; celui qui avait échappé à un groupe dans une rue tombait dans la rue voisine sur un groupe qui répétait la même manœuvre. Si l'on rencontrait une troupe de valets, le cas était encore pire, et souvent il arrivait que le même homme, dans un jour, était la victime de ces diverses classes de la populace. Tous ces individus, qui faisaient métier dans toutes les routes et marchés de lever une contribution sur les passants, appartenaient aux *khatouns* « dames, » aux princes du sang et aux émirs. Si une personne n'avait pas la force de se défendre, elle restait embarrassée, et ces gens l'outrageaient. On en était venu à croire que le métier de muletier, de chamelier et de valet donnait le droit de pratiquer de telles violences. Ces hommes étaient devenus si arrogants, qu'ils ornaient une quantité de quadrupèdes aux jours de fête (Bairâm) et de *nevrouz*, et les conduisaient à la porte des maisons des grands. Si le maître de l'hôtel se présentait, ils lui arrachaient de l'argent à force d'importunité; puis ils lui lançaient cent mille brocards et insultes pour en obtenir encore plus. Si le maître de l'hôtel était absent ou se cachait de peur de leurs importunités, ils emportaient, en guise de gage, tout ce qu'ils trouvaient sous leurs mains, et l'engageaient pour beaucoup d'or chez les cabaretiers et les vendeurs de vin. Si le propriétaire venait pour réclamer ses effets, il devait entendre mille sottises et tolérer leur cynisme, et il était forcé de donner deux ou trois fois plus d'or qu'il n'avait compté pour racheter ses biens. Le cas arrivait souvent qu'ils enlevaient les pièces d'un vêtement complet, et s'en habillaient eux-mêmes. Comme ces vagabonds couraient çà et là dans les marchés, l'ordre du commerce était troublé. Ils brisaient les timbres; mais personne n'arrêtait ce désordre. Au contraire, les grands et les hommes en place s'en divertissaient. Ces hommes voyant que, de cette manière, on pouvait se procurer de l'or et des habits superbes, soit par force, soit par sollicitation, ce qui est plus rude que la force, la plupart choisissaient le métier de muletier, de chamelier et de laquais. Ce désordre parvint à un tel degré, qu'il devenait urgent d'y porter remède; il n'échappa point à la vue attentive du sultan Gazan. Il fixa ce qu'on devait donner, d'après la loi, à chaque muletier et à chaque valet. Les muletiers et les chameliers étaient dans l'usage, aux temps des fêtes et du nevrouz, de lier au cou des mules et des chameaux des sonnettes, et de leur frapper la tête et les jambes à coups de massue (چاق). Il fit publier l'ordre, par des crieurs publics, que personne n'avait rien à donner aux muletiers et chameliers, et qu'on les chassât à coups de bâton de chaque lieu où ils se présenteraient. Il n'était plus au pouvoir d'aucun d'eux d'arracher quelque chose à un autre; leurs orgies avaient cessé, et leur image était chassée de la pensée.

Le chapitre suivant (XL) contient les ordonnances du sultan Gazan au sujet des filles prostituées qui étaient entretenues dans les *kharâbât*, et des femmes débauchées qui, dans les grandes villes, s'étaient établies vis-à-vis des mosquées, des *madrasas* (écoles) et des monastères. Comme tous les maîtres de ces établissements (kharâbât) donnaient, pour ces filles esclaves, un prix plus élevé que les particuliers, les marchands préféraient les leur vendre; la plupart des filles qui avaient des sentiments de pudeur ne voulaient pas être vendues à ces maisons de débauche; mais elles se voyaient emprisonnées malgré leur répugnance, et contraintes au vice. Gazan défendit d'établir de pareilles maisons (kharâbât), et d'y recevoir des femmes débauchées; à ses yeux, leur suppression appartenait aux devoirs absolus de la religion. Cependant comme des raisons d'intérêt les avaient fait tolérer depuis les anciens temps, et que cette habitude était devenue constante, on ne pouvait pas tout d'un coup abolir un pareil usage; il fallait y travailler graduellement, jusqu'à ce qu'il pût être aboli complétement. En attendant, il était urgent de ramener les femmes qui n'avaient pas de penchant pour cet infâme métier. C'est une injustice manifeste de forcer à une manière de vivre vicieuse celle qui n'y est pas encline. En conséquence il défendit de vendre les filles à la classe des maîtres des kharâbât; celles qui s'y trouvaient étaient libres d'en sortir; personne ne devait les en détourner. Il fixa pour chaque fille, d'après son rang et sa classe, un prix, pour lequel elle devait être rachetée des deniers publics, et ordonna de les retirer des maisons de débauche et de les marier, sous la forme du contrat légal, à qui voudrait les épouser. Gazan exerça la plus grande sévérité dans l'accomplissement exact de ses ordonnances, de manière que Wassâf, dans un passage de son histoire, cite un vers de sa composition, où il dit que, par l'effet de la police de Gazan,

مست جز غمزهٔ دلدار ندیدست کسی
صوت بربط نشنیدند کر از ناهید ۞

Personne ne vit plus dans l'ivresse que la paupière de la personne aimée; on n'entendit plus le son de la guitare, sinon de la part de la Nâhid. (*Vénus au ciel.*)

Pour les procès entre deux Mongols ou entre un Mongol et un musulman, et les autres affaires difficiles à juger, il ordonna que les commandants, préfets, agents du fisc, kadis et docteurs de la loi; se réunissent deux jours par mois dans la grande mosquée, en conseil de justice, prissent en commun connaissance de ces affaires, jugeassent selon la loi mahométane les délits constatés, et signassent tous la sentence, afin que personne, à l'avenir, n'eût la faculté de la désavouer ni de l'annuler; par cette ordonnance, le diwân pour la réparation des griefs était organisé[1]. Les kadis ne devaient pas même accepter une obole pour les contrats et les procès; ils devaient se contenter des honoraires assignés. Le greffier pouvait prendre une drachme pour l'acte (حجّة) qu'il dressait, s'il s'agissait d'une valeur de cent dinars, et un dinar, si la valeur excédait cent dinars; il ne devait prendre rien de plus. Tout agent de police (وكيل *vékil*) qui recevait de deux côtés différents était fustigé, destitué, et avait la barbe coupée. Gazan nomma des commissaires spéciaux, chargés de rechercher et de lui faire connaître les individus qui osaient attaquer, au moyen des faux titres, les droits des propriétaires, et de veiller à ce qu'ils ne pussent être soustraits, par des protections, à la vindicte publique. Tous ceux qu'on lui signala furent mandés à la capitale, où le sultan résidait, et, après avoir été convaincus, ils subirent la peine de mort.

Sous le règne de son frère Kharbendé Oldjéïtü[2], en 707 de l'hégire (1307 de J. C.), l'ordre fut pu-

[1] Pour les détails sur les offices de judicature, voyez l'*Histoire des Mongols*, par d'Ohsson, t. IV, p. 447-461.

[2] [illegible] *oldseitü*, mot mongol, qui signifie «le bienheureux» et à le même sens que la dénomination arabe ابو السعيد Abûs-Said. (Voy. Wassaf, *Histoire*, t. IV, fol. 119 r°, ms. persan de la Bibliothèque impériale de Vienne, ancien fonds, 130 (467).)

blié que, dans le camp militaire des Ilkhaniens, les filles mongoles ne devaient pas être vendues comme des esclaves; que les femmes débauchées et les chanteuses seraient chassées du camp, comme de toutes les villes; que les femmes honnêtes vivraient retirées dans leurs gynécées, et que les réunions seraient évitées, excepté les assemblées du peuple dans les mosquées, pour les prônes des prédicateurs et pour l'accomplissement des prières; qu'on ne se permettrait plus d'aborder une femme étrangère pour se divertir avec elle, et qu'on s'abstiendrait de toute conversation suspecte. Les cabarets des marchands de vin furent fermés, et leurs portes fermées avec des verrous; néanmoins, dans chaque ville on ménagea dans la banlieue une maison isolée pour boire du vin, et destinée aux ambassadeurs. Pourvue des choses nécessaires, elle devait être interdite aux autres musulmans, soit hommes, soit femmes.

Timour, le grand conquérant, établit dans les villes et leurs quartiers un grand prévôt (kotwal), chargé de veiller à la sûreté du peuple et des soldats, et de punir tous les vols commis dans son département. Il plaça aussi des gardes sur les routes pour faire la patrouille et favoriser la circulation. Les voyageurs et les marchands avaient le droit de faire escorter leurs richesses et leurs effets par ces gardes, qui répondaient de tout ce qui se trouvait égaré ou perdu. Timour avait établi sur chaque frontière, dans chaque province et chaque ville, et à l'armée, un secrétaire des nouvelles, dont l'occupation était d'informer la cour des actions et de la conduite des gouverneurs, du peuple et des soldats, de la situation des armées, comme de celle des armées des princes voisins. Ce secrétaire avait à envoyer un état exact de l'importation et de l'exportation des marchandises et des effets, de l'entrée et de la sortie des étrangers et des caravanes de tous les pays. Par ses correspondances dans les royaumes, le secrétaire savait toutes les démarches des princes, connaissait les savants et les hommes instruits qui, des contrées les plus lointaines, étaient disposés à venir auprès de Timour. Dans les rapports, la plus scrupuleuse véracité était exigée par le monarque; si le secrétaire osait y manquer, et qu'il ne rendît pas un compte exact des faits, on lui coupait les doigts; s'il oubliait dans son journal quelque action louable d'un soldat, ou la présentait sous un autre point de vue, il perdait la main; enfin, si l'inimitié ou la méchanceté le portaient à écrire des mensonges, il était puni de mort. Timour se faisait présenter ces rapports jour par jour, semaine par semaine, mois par mois. (Conf. *Instituts politiques et militaires de Tamerlan* (Timour), écrits par lui-même en mogol, traduits en français sur la version persane d'Abou Talib al-Hosseini, p. 122, 123 et 137.)

L'officier nommé *darogha* (داروغه) est le préfet de police dans les grandes villes; ses fonctions consistent dans la répression des délits et la punition des crimes par la mort du coupable, par une amende ou un châtiment corporel : tout cela se fait d'après son avis individuel. Sous le règne du roi Abbâs Ier, cette charge appartenait, comme héréditaire, à la famille des princes de Géorgie; ses officiers étaient aussi présents aux conseils de la cour. Le chef des Akhdas (احداث)[1] lui était subordonné, c'est-à-dire *le préfet des prisons*, qui, avec ses satellites, parcourait la ville pendant la nuit, pour saisir ceux qui commettaient des excès, et pour les emprisonner. Le *ketkhoda* (کتخدا)[2] est le préfet des quartiers de la ville dont la surveillance lui est confiée, et qui exerce gratuitement ses fonctions. Cette dignité est, en général, conférée à un homme du quartier, qui jouit de la meilleure réputation. Les ketkhodas ont un chef, auquel ils font leurs rapports, et qui les communique au gouverneur. Anciennement ils étaient obligés de faire un rapport sur les moindres événements qui se passaient dans leurs quartiers, tels que les naissances, les mariages, les morts naturelles, etc. mais plus tard on s'est beaucoup relâché de ce pénible office. Un ketkhoda doit connaître les moyens d'existence de tous les habitants de son quartier. Le grand avantage qui résulte pour le gouvernement et la population de cette division d'une ville en quartiers devient sensible à l'arrivée imprévue d'un corps considérable de troupes, et lors de la répartition des contributions extraordinaires. Le devoir du کتخدا est de maintenir la

[1] Conf. Kampfer, *Amœnitates exoticæ*, p. 85, fasc. I.

[2] Scott Waring, traduction allemande de son *Voyage de Schiraz*, t. I, p. 112, 118, et Dubeux, *Univers pittoresque*, Perse, p. 405-407.

paix partout, et de veiller au bien-être des familles placées sous sa protection. Cette charge est une institution admirable, et, quoiqu'on en abuse souvent, elle est sans doute très-avantageuse pour les personnes de la classe inférieure; car le ketkhoda ne saurait oublier impunément ses devoirs; il est exposé à des plaintes continuelles; cependant il peut devenir l'instrument de la tyrannie.

On a fait l'observation que la police d'une monarchie despotique a des avantages sur celle d'un état libre; c'est très-facile à comprendre, parce que le soupçon est le motif qui gouverne les actions et les projets des despotes. La police en Perse, principalement celle de la ville de Schirâz, est organisée sur un excellent pied, de manière qu'il est tout à fait impossible de rien tramer contre le gouvernement, sans que le gouverneur de la ville en ait connaissance avant l'exécution. Le *darogha* a aussi l'inspection sur les bazars; sa fonction y est de régler les différends qui s'élèvent entre les marchands et les chalands, d'entendre la plainte des parties, et d'y faire droit sans appel. Un marchand manque-t-il à sa parole ou refuse-t-il de remplir son engagement, le darogha doit obliger le coupable à s'exécuter. Si le débiteur se déclare dans l'impossibilité de payer, il lui accorde un certain délai, à déterminer selon les circonstances. Le marchand a toujours les moyens de parer à un événement imprévu; cependant, si le débiteur est flétri dans l'opinion publique, le darogha le condamne à une amende et lui inflige un châtiment corporel, ou bien il le met en prison. Si le darogha surprend quelqu'un à boire du vin, ou dans des mauvais lieux, où il a un commerce avec des prostituées, il a le droit de visiter cette maison, et il fait acheter, argent comptant, la tolérance pour une faute morale, sur laquelle il ferme alors les yeux. Le darogha doit avoir sous ses ordres une suite nombreuse de gens chargés de maintenir le bon ordre dans les marchés, et d'arrêter quiconque se trouve en opposition avec les règlements de la police. Cette charge est considérée comme extrêmement lucrative; outre les cadeaux que le darogha reçoit, et les extorsions qu'il se permet ordinairement, tous les marchands lui fournissent les denrées qu'il leur demande, pour conserver sa protection.

Le chef de la patrouille de nuit (le *miri akhdas*[1]) doit veiller à la tranquillité de la ville, arrêter les gens qui se trouvent hors de chez eux à une heure indue, et prévenir les vols. Dans sa suite il a un certain nombre d'hommes qui font la patrouille continuellement pendant la nuit, et se tiennent en faction à l'entrée des maisons suspectes. Pour l'entretien de cette police, tous les marchands des bazars payent une somme légère. Si un maître de maison est volé, l'intendant du guet est responsable du vol, et doit restituer les effets dérobés ou en payer la valeur, sur la déposition du plaignant; mais on

[1] Ou پادشاه شب (*le roi de la nuit*). (Voyages de Chardin, Amsterd. 1711, in-4°, t. II, p. 292.)

sait que la manière la meilleure d'assurer sa propriété contre les vols, c'est d'être en relation avec les voleurs, comme dans les Indes orientales. Le vol est un métier honorable en Orient; car les voleurs payent une somme pour pouvoir exercer leur métier, et il y a un bazar connu sous le nom de *bazar des voleurs*[1].

Outre les employés susnommés, il y en a d'autres aux portes des villes qui font que les habitants de qualité ne quittent pas la ville sans la permission du gouverneur. Le grand Abbas Ier avait établi pour la sécurité des routes des gardes (راهدار)[2] qui campaient dans les défilés des montagnes et les autres lieux de passage. Ils étaient chargés de découvrir les lieux de retraite des voleurs dans les gorges et les endroits écartés, et de tenir loin des chemins les brigands et les assassins. Les gardes pouvaient lever sur les voyageurs et les commerçants une contribution pour leurs chevaux et pour eux-mêmes; mais cette contribution reçut dans les temps suivants le titre d'impôt, et servit à enrichir le trésor royal. La demande de cette contribution fut faite de manière que l'avantage de la protection des voyageurs et des commerçants se changeait en un dommage; car ceux qui auparavant étaient les patrons des voyageurs se mettaient à visiter les marchandises

[1] Dans la traduction allemande de la Relation de M. Scott Waring, l'intendant du guet (pendant la nuit) est nommé *meer* (*mir*) *usus* (= عسس) ou *uhdas* (= *akhdàs*), ou, comme en turc, گجکجی باشی (*kadjek djibàschi*, chef de la patrouille nocturne).

[2] Conf. Chardin, éd. d'Amsterdam, 1711, in-4°, t. II, p. 305.

et arrachaient de l'argent au commerçant par des menaces, et même des coups. Ces gardes étaient obligés, comme Kampfer le raconte dans ses *Amœnitates exoticæ*, fasc. I, p. 143, de remettre les voyageurs en possession de leurs effets et de leurs marchandises, soit volées par les brigands, soit perdues par erreur, ou de payer leur valeur; mais ils avaient la faculté de réserver pour eux-mêmes la troisième partie des effets volés ou perdus.

Dès les premiers temps de l'empire Ottoman, nous trouvons le soubaschi (صوباشى) ou lieutenant de police, et nous voyons par une notice donnée par le célèbre voyageur Evliya Efendi, traduite en anglais par M. de Hammer (Londres, 1846, vol. I, part. II, p. 105), que le patron des officiers de cette charge est Anas ben Mâlik, à qui le Prophète avait confié le soin et la surintendance de la ville de Médine. Selman le Persan reçut l'investiture de cette charge du khalife Ali, et tous les soubaschis tirent de lui leur généalogie. Les gens du soubaschi n'ont pas un patron particulier entre les compagnons du Prophète, puisqu'ils n'étaient pas encore organisés de son temps. Leur origine dérive de Mohammed Ekrad, le sultan d'Égypte, sous lequel la maison de l'imam Shâfei fut saccagée, et tous les ouvrages composés sur les quatre sectes orthodoxes furent perdus. (Conf. Evliya Efendi, *l. c.* p. 108.)

Le commandant du guet est le عسس باشى (le prévôt de la ville pendant la nuit), et sa charge a été organisée sous le règne de Muhammed II. le comm

rant de Constantinople; il leva sur chaque boutique de commerçant un droit nommé عسسيّة. La dixième partie des amendes que les ivrognes et les coureurs nocturnes payent au soubaschi appartient à l'asasbaschi. L'asasbaschi est subordonné, ainsi que le soubaschi (lieutenant de police pendant le jour) et le muhsir aga, agent de police des janissaires[1], au kiajabeg, qui est le chef de la surintendance de la ville. Ces trois attributions, dans le temps des khalifes, étaient réunies dans la personne du sahib aschorta, dont les fonctions dans l'empire Ottoman, sont remplies par le schaousch baschi; celui-ci a le droit de demander les soubaschis, les asasbaschis et les muhsiraghas, afin qu'ils l'aident dans les arrestations, les bannissements, les confiscations et les exécutions par le glaive, excepté pour les militaires, qui ne peuvent pas être punis par les pouvoirs civils, mais par la main de leurs propres vizirs. Ces trois agents de police étaient tirés du corps des janissaires. Le muhsir aga était toujours le colonel du 28e régiment de cette troupe; le commandant du guet était aussi colonel d'un régiment et le soubaschi un des premiers officiers de schausches. Avant la suppression des janissaires, la police de la capitale, dans ce qui avait rapport aux incendies, qui

[1] *Relation sur l'Égypte*, par Vansleb, en 1664 (*Orig. allemand*), t. III, de la *Collection des voyages*, publiée par M. le docteur Paulus, Iéna, 1794, p. 52. (Conf. Nœldeke, extraits de l'ouvrage de *Nesri*, dans le *Journal de la société orientale de l'Allemagne*, t. XIII, p. 209.)

arrivaient très-souvent à Constantinople, était du ressort de leur agha. Sa résidence était un palais situé dans le centre de la capitale; il a été brûlé au milieu de la lutte d'extermination des janissaires en 1826. M. L. P. B. d'Aubignosc a donné dans son ouvrage[1] l'aperçu d'un plan de police générale demandé au vieux sériaskier Chosrew-Pacha, par le sultan Mahmoud, en 1837, d'après un modèle français, en deux parties, dont la première traite de la police locale, et dont la deuxième parle de la haute police. Les règlements les plus nouveaux du ministère ottoman de police, organisé tout à fait sur un pied plus sévère il y a deux ou trois mois, ont été insérés dans la gazette turque *Dschéridéï hawadir*, n° 931 (1275=1859), et le tableau des punitions et des ordres de police se trouve à présent dans la gazette arabe de Beyrouth, publiée par Khalil Efendi Alkhouri.

Nous ferons observer que les bourreaux (جلاد) reconnaissent pour patron Ajjoub al-Basri, qui fut chargé et revêtu des insignes de son emploi par Selman le Persan, du vivant du Prophète. On dit qu'il a été le premier qui ait tranché la tête d'un meurtrier, et pour cela il a reçu l'honneur d'être le patron des bourreaux. Son office était de préparer les condamnés à la mort et de les encourager par des exhortations; il dirigeait leur face vers la kibla et fixait la tête du criminel avec sa main droite; ensuite

[1] *La Turquie nouvelle*, jugée au point où l'ont amenée les réformes du sultan Mahmoud, t. I, p. 383, etc.

il prenait son glaive des deux mains, et séparait la tête du corps en lisant une fatihâh et avertissant, par cet exemple, tous les assistants de ne commettre aucun des délits commis par le criminel tué. Ce personnage mourut à l'âge de cent soixante et dix ans. Il porta lui-même le corps du khalife Moawia à Damas, et il y fut lui-même enseveli plus tard. Le plus grand modèle des bourreaux était Kara Ali, sous le règne du sultan Mourad IV. Il se présentait armé d'un glaive tranchant, tenant dans sa ceinture les instruments de torture (conf. Evliya Efendi, vol. I, part. II, p. 108), et accompagné de ses servants, qui portaient le reste des soixante et douze instruments de torture. La corporation des voleurs et des brigands قره خرسز est très-nombreuse, et elle prétend avoir pour patron et chef Amrou Ajar. Les voleurs payent une contribution aux deux officiers de police (le soubaschi et l'asasbaschi).

Je me suis permis de donner ces notices sur quelques charges de police chez les Arabes, les Persans et les Turcs, qui sont éparses dans divers ouvrages occidentaux et orientaux. A présent notre attention se dirigera exclusivement sur les fonctions de l'officier qui forme l'objet de l'ouvrage d'Annabrawi, je veux dire du muhtasib. Toute l'étendue de la charge que cet officier a à remplir ne se développe que peu à peu; avant tout je veux corriger une notice sur l'organisation de cette charge sous les Abbasides, notice qui nous a été donnée par deux savants orientalistes. M. Noël Desvergers dit, dans l'*Univers pittoresque* (Arabie, p. 374) : « Ce qu'on ne saurait refuser à El-Mahdi, c'est le soin avec lequel il entra dans les détails de l'administration. Aboulféda mentionne pour la première fois, dans l'histoire de son règne, la charge du muhtasib, c'est-à-dire le juge du marché et intendant de police, importante dans l'administration municipale des villes arabes, et dont Mawardi a décrit avec détail les attributions, toutes relatives aux garanties que le peuple doit trouver dans les transactions commerciales nécessitées par les besoins d'une grande ville. » M. de Hammer-Purgstall a dit la même chose dans son ouvrage intitulé *Die Länderverwaltung unter dem Chalifate*, p. 15, à savoir que le khalife abbaside Al-Mahdi fut le créateur de la charge de la hisba. Mais ces deux savants se sont trompés; car si on lit dans l'édition des Annales d'Aboulféda, publiée par J. J. Reiske, le passage indiqué (t. II, p. 58), on trouvera qu'il s'agit là du khalife Hadi et non pas d'Al-Mahdi; c'est aussi l'avis de M. Gustave Weil, de Heidelberg. En tout cas il est important pour les lecteurs de ce journal d'avoir sous les yeux un aperçu des passages des ouvrages occidentaux et orientaux dans lesquels le muhtasib et sa charge, *al-hisba* (الحسبة), sont mentionnés.

M. Wilson (*Glossary of the judicial terms of British India*, p. 351) explique le mot *muhtasib* de cette manière : « *Muhtasib*, corruptly *mohtissub* (arabic). « A superintendant of markets and police, an officer « appointed to take cognisance of improper beha-

« viour, as of indecency, drunkenness, gambling; « also of the sale of intoxicating drogs and liquors « and false weights and measures. Under the Muhammadan government in India, the Muhtasib held « in the court of the Kâzi (عدالت قاضى) a court for « the adjudication of offense against morals, as « drunkenness, gambling, etc. »

M. Quatremère, *Mémoires sur l'Égypte* (II, 261), raconte, d'après le célèbre Makrizi, sous l'année 322 = 934 de J. C. à propos de la punition du secrétaire Fadâïl, qui était chrétien, qu'il fut battu à coups de fouet, puis qu'on le fit promener tout nu dans les rues du Caire, suivi du muhtasib, qui criait : « C'est ainsi que seront traités ceux d'entre les chrétiens qui rempliront quelque place dans les bureaux du sultan. » (*Ibid.*) En 322 = 934 de notre ère, le sultan manda le patriarche des chrétiens, et, le laissant debout, lui adressa de vifs reproches au sujet des vexations que les musulmans d'Abyssinie éprouvaient de la part du roi de cette contrée; il le menaça même de le faire périr. Ensuite il lui envoya le muhtasib du Caire, qui lui parla avec beaucoup de dureté, et lui reprocha le mépris que les chrétiens avaient fait des édits qui leur ordonnaient de donner moins d'ampleur à leurs vêtements.

Dans les marchés (voy. Quatremère, *l. l.* p. 314) de Fostat (vieux Caire), il y avait pour chaque genre de commerce un inspecteur (عريف), qui exerçait ce même commerce. Vis-à-vis de la boutique de l'inspecteur des boulangers, il s'en trouvait une autre, occupée par un pauvre marchand, qui vendait également du pain. Le prix de cette denrée était, à cette époque, d'un dirhem pour trois rotls. Le marchand, voyant que son pain avait le temps de refroidir, et craignant de ne pouvoir le vendre, le cria à quatre rotls pour un dirhem, afin d'attirer les acheteurs. En effet, tout le monde accourut chez lui, en sorte que son pain fut enlevé en peu de temps, tandis que l'inspecteur ne put pas se défaire du sien. Celui-ci, piqué contre le marchand, plaça chez lui deux soldats du guet, qui lui causèrent une dépense de 10 dirhems. Yazoury, vizir du khalife Mostansir, s'étant rendu à la mosquée, le marchand lui demanda justice. Il manda sur-le-champ le muhtasib, auquel il fit de vifs reproches. Cet officier répondit que, suivant l'usage, les différentes professions avaient des inspecteurs auxquels il devait prêter son ministère toutes les fois qu'il en était requis par eux; que, l'inspecteur des boulangers lui ayant demandé deux soldats du guet, il les lui avait donnés sur-le-champ, persuadé que quelque affaire exigeait leur présence. Le kadi fit appeler l'inspecteur, et, après l'avoir fort réprimandé, il le destitua, et fit remettre au marchand une somme de 300 rubas d'or.

Dans tout ce qui regarde la charge du muhtasib, Makrizi donne les renseignements les plus sûrs, parce que lui-même avait rempli ces fonctions. M. Quatremère, dans la préface de l'*Histoire des Sultans Mamlouks*, p. v, dans laquelle il donne la vie de l'auteur arabe, raconte que, l'an 801 (1398 de J. C.), Makrizi fut choisi pour remplir les fonctions de muhtasib du Caire et de la partie septentrionale de l'Égypte. Mais, soit que ses goûts studieux ne lui permissent pas de se livrer entièrement aux occupations multipliées qu'exigeait un emploi de ce genre, soit que l'envie et l'intrigue se fussent réunies pour le faire remplacer, il fut destitué au bout de quelques mois[1]. Il est vrai qu'il fut réintégré dans cette place l'année suivante. Les fruits de son expérience dans cette charge paraissent avoir été ses deux ouvrages, dont le premier, composé en 808 (1405), a le titre de *Traité sur les famines de l'Égypte*, qui avait pour objet d'indiquer les moyens propres à prévenir le retour de pareilles calamités, et le *Traité des monnaies et celui des poids et mesures*, qui ont été publiés en arabe et en latin par O. Tychsen, et dont de Sacy a donné une traduction française. Nous trouvons dans la traduction du Traité des monnaies une notice détaillée sur les fonctions du muhtasib (p. 51, note 97, où cette charge est nommée *hasaba*, au lieu de son nom vrai et correct *hisba* (الحِسْبَة).

L'auteur de l'*Inscha* (manuscrit de la Bibliothèque impériale de Paris, n° 1573, fol. 132 v°) dit que les fonctions du muhtasib étaient jadis données uniquement à des gens de loi. Par la suite, on y nomma les gens d'épée [كانت الحسبة منحصرة فى المتعمّمين ثم صار يتولاها ارباب السّيوف]. On désignait pour cette ins-

[1] Conf. Quatremère, *Histoire des Sultans Mamlouks*, t. I; appendice, p. 221-223.

pection ceux d'entre les gens de loi qui avaient la capacité nécessaire (صار يتولا نظره من المتعمّمين من يوهل الى نظره). Ibn Batoutah, dans la belle édition de MM. Ch. Defrémery et Sanguinetti, t. I, p. 93, mentionne le muhtasib du Caire, Nedjmeddîn Assaharty, un des principaux jurisconsultes, qui possédait au Caire un grand pouvoir et un rang élevé. On peut lire aussi le récit intéressant de la fête du *mahmil*, au Caire, qui attirait un grand concours d'assistants. Ibn Batoutah y décrit la manière dont on la célébrait. Les quatre kadis suprêmes, l'intendant du fisc et le muhtasib montèrent à cheval et se rendirent avec leur cortége à la porte du château, où résidait le sultan. Dans la *Relation de l'Égypte*, par Vansleb (édition française. Paris, 1677, t. I, p. 353), le muhtasib figure comme inspecteur des comestibles dans la caravane des pèlerins pour la Mekke, accompagné du wali (le surintendant). M. Quatremère (*Mémoires historiques sur l'Égypte*, t. II, p. 258) nous apprend, d'après Makrizi, que les chrétiens et les juifs du Caire se rassemblèrent, en 815 de l'hégire (1412 de J. C.), dans les bâtiments ajoutés à la mosquée de Hakem, en présence du schaikh Zain Abou Horairah, prédicateur de la mosquée de Touloun, du kadielaskier Schams eddîn, et de Sadr eddîn, muhtasib du Caire, et qu'on inscrivit leurs noms, afin d'exiger de chacun la capitation en proportion de ses facultés. Volney mentionne le muhtasib (dans ses *Œuvres complètes*, Paris, 1821-1828, t. III, p. 235) dans la suite de l'ouali (والى), dans les villes de Syrie, pendant l'inspection des bazars. Sous le règne du khalife fatimite Hakim Biemr illah, nous trouvons cité Ain, un de ses serviteurs, à qui il confia, au mois de dulkada de l'année 402 (1012 de J. C.), la charge de commandant du guet et celle de muhtasib (الشرطة والحسبة) à Misr, au Caire et à Raudha, l'inspection sur toutes les affaires des habitants, leurs biens et leur conduite. Pour cela Ain reçut un diplôme, lu publiquement dans l'ancienne grande mosquée de Misr. Dans ce diplôme, il lui était expressément recommandé de veiller à ce que personne ne fît usage de vin, ni d'aucune autre liqueur enivrante, de faire à cet égard les plus sévères recherches, et de poursuivre rigoureusement les contrevenants, de ne souffrir l'usage d'aucun instrument de musique, et de veiller à ce que les femmes ne suivissent pas les pompes funèbres. Ain conserva ces deux charges jusqu'au commencement du mois de safar 404 (1013 de J. C.); alors le khalife les lui ôta et les donna à Muzaffar (مظفر) Sakali (ou Saklabi).

Makrizi (conf. Dozy, *Dictionnaire des vêtements des Arabes*, p. 252 et suiv.) a décrit le marché des vendeurs de cire, qui était rempli de boutiques des deux côtés. On y trouvait les bougies qui servent dans les cavalcades, celles qu'on met dans les lanternes et celles dont on se sert quand on fait la ronde par la ville. Les boutiques destinées à la vente de ces objets étaient ouvertes jusqu'à minuit, et la nuit il se trouvait dans ce marché des prostituées nommées *bohémiennes* (زعر). Ibn Ayâs raconte, dans son

Histoire de l'Égypte (conf. le manuscrit arabe de Leyde, n° 367, p. 477), qu'une foule de peuple se révoltant contre le muhtasib, alors le commandant du guet (والى الشرطة), lui commanda de prendre une quantité de bohémiennes et de servantes, et de leur couper les mains. M. Michel Amari m'a communiqué un passage du manuscrit arabe de la Bibliothèque impériale de Paris, contenant l'ouvrage du célèbre Aboulmahâsin, intitulé النجوم الزاهرة (ancien fonds, n° 667, fol. 27 v°). Il y est dit que le sultan Almalik Alaschraf Barsebai, en l'année 839 (1435 de J. C.), voulut charger des fonctions du muhtasib un homme d'une grande stature (رجل ناهض); plusieurs lui étaient proposés, qui ne lui convenaient pas. Alors on lui parla de quelqu'un qui n'était pas musulman et qui ne craignait point Allah. Puis Daulât Hadjâ Azzahiri, car c'était son nom, fut conduit chez lui; il avait été destitué de l'intendance de police du Caire plusieurs fois avant ce temps. La charge de muhtasib au Caire lui fut confiée, et la raison de cette préférence était la surintendance sur les femmes, parce que sa sévérité, son manque de clémence et son orgueil imposant, étaient généralement connus. Le sultan exprima, dans le diplôme d'investiture, le vif désir qu'il eût les yeux les plus attentifs sur les femmes, et de ne permettre à aucune d'elles de sortir dans les rues [1]. Pour com-

[1] M. Dozy, *Dictionnaire des vêtements des Arabes*, p. 301, raconte, d'après Ibn-Ayâs, dans son Histoire de l'Égypte, sous l'année 840 de l'hégire = 1436 de notre ère, que le sultan défendit aux femmes

prendre cela, il faut savoir que, la peste sévissant au Caire, le sultan avait consulté les notables de la science sur le grand péché qui aurait pu attirer ce châtiment sur le pays, et que les plus sages avaient attribué ce fléau à la colère divine, provoquée par les scandales que commettaient les femmes dans les rues et les marchés, de nuit comme de jour. Ce récit se trouve au folio 27 r°.

M. Gräberg de Hemsö (*Spechio geograf. e statistico dell' impero di Marocco,* Genova, 1834, in-8°, p. 211), cite sous la forme *Motehesseb* (conf. Höst, *Nachrichten von Marocco,* p. 277), le muhtasib comme intendant des marchés, ayant le devoir de veiller sur la justesse des poids et mesures dans les transactions du commerce. M. de Slane, dans sa traduction anglaise des *Wafayat-ulayân* d'Ibn Khallikân (I, 374 et 375), donne la vie d'Abou Saîd Alhasan al-Istakhri, auteur de quelques bons ouvrages sur le droit, entre autres du *Kitâb al-Akdya* «Livre des décisions légales.» Il était kadi à Komm, et il remplissait la charge de muhtasib à Bagdad. M. Pascual de Gayangos décrit l'officé de Muhtasib, en Espagne, dans son *Histoire des dynasties mahométanes en Espagne* (livre I, chap. VIII, p. 104), et dit que cet emploi était confié en général à un homme de pro-

de sortir de leurs maisons; alors celle qui devait laver les femmes mortes allait prendre chez le muhtasib un morceau de papier qu'elle plaçait sur son عصابة (*isabeh*, une sorte de coiffure), et qu'elle cousait dans son *izâr*, afin qu'on pût voir quel était son emploi.

bité et d'expérience, et qui appartenait à la classe des kadis. Ainsi que le rapporte Al-Makkari, les devoirs de cet officier consistaient à aller à cheval, chaque matinée, de bonne heure, aux marchés, accompagné de ses satellites (اعوان), dont l'un portait une paire de balances pour peser le pain; car en Espagne le poids et le prix du pain furent fixés dans tous les temps par les autorités publiques. Par exemple, la miche d'un certain poids pouvait être vendue pour un quart de dirhem, et une autre, qui avait la moitié de ce poids, ne pouvait être vendue que pour la huitième partie d'un dirhem. Les mesures étaient si exactement faites, que quiconque désirait avoir des provisions pour la consommation journalière pouvait envoyer au marché un petit enfant ou une petite fille, avec l'ordre d'acheter tout ce dont il avait besoin, et il était parfaitement satisfait. La vente des moutons était soumise aux mêmes règlements, et chaque boucher était obligé d'avoir sur son étal une tablette, avec une inscription qui indiquait le prix fixé par les autorités publiques de la ville. Les boulangers et les bouchers n'osaient pas vendre leurs articles à un prix trop cher, ni au-dessous du poids. Si le muhtasib avait le moindre soupçon contre un d'eux, il lui était facile de s'assurer du fait; il envoyait chez celui-là un petit enfant (garçon) ou une petite fille, pour acheter un peu de pain ou de mouton, et si cette partie pesée était trouvée au-dessous du poids, même dans le rapport le plus minime, le violateur de la loi pouvait être puni et corrigé sévèrement pour la première fois; que s'il était surpris de nouveau en faute, le magistrat avait le droit de le châtier publiquement, et de l'exposer comme exemple sur la place du marché, puis de le bannir de la ville. La charge du muhtasib s'appliqua plus tard à l'inspection de tous les articles de vente; ceux qui la remplissaient étaient obligés d'acquérir une certaine habitude et d'apprendre toutes les règles afférentes à cette charge.

Les Espagnols ont dérivé du mot de *muhtasib* leur mot *almotazen*, par le changement de la lettre finale *b* en *n*, changement qui est très-fréquent dans les mots espagnols. Cette charge, dit M. P. de Gayangos, existe encore en Espagne, spécialement dans les provinces méridionales et orientales, dans lesquelles les Arabes et les Maures sont restés plus longtemps, et l'officier qui avait le devoir de remplir les fonctions de cette charge exerce encore les mêmes fonctions; il est appelé aujourd'hui *Fiel almotazen de pesos y medidas* (officier qui a l'inspection sur les poids et les mesures). La vente du pain, de la viande, de l'huile et d'autres articles de la nourriture, est encore à présent l'objet de l'attention du gouvernement, qui fixe par ses commissaires les prix auxquels ces articles sont à vendre.

Le chapitre XXI du grand ouvrage de Rachîd eddin, qui traite des poids et mesures, réglés par un arrêté du sultan ilkhanien Ghazân (d'après le manuscrit persan de la Bibliothèque impériale de Vienne, fonds mixte, n° 326, fol. 310 v°), mérite d'être reproduit en détail. Rachîd eddin raconte qu'il y avait ci-devant en Perse une telle variété de poids et de mesures, qu'ils différaient dans les cantons d'une même province, dans les balances, les fardeaux, la mesure des aunes, des gobelets, des solides, et dans les sacs à remplir de provisions (تغار). Le commerce des marchandises avait été pour ainsi dire abandonné par suite de la confusion des prix et de la différence des espèces monnayées, que l'on transportait d'un endroit à l'autre, et sur lesquelles on gagnait par la seule différence du poids; c'est pourquoi les marchands achetaient moins d'articles. Dans quelques contrées, les étoffes se donnaient à vil prix, et dans d'autres on n'en pouvait pas trouver. Il y avait dans chaque village deux ou trois espèces de mesures pour les solides (قفيز); les habitants se servaient entre eux de la plus grande; mais ils faisaient usage de la plus petite lorsqu'ils trafiquaient avec un étranger; que celui-ci le sût ou non, il fallait bien qu'il y consentît, les gens du pays se soutenant mutuellement par de faux témoignages (دروغ). Les provisions qui devaient être livrées aux troupes par kouban (قبان) de cent mann (livres) ne leur étaient remises que par kouban de soixante et dix, de soixante manns, et encore moins, tandis que les hommes puissants se faisaient donner, à coups de bâton (بزخم جوب), la mesure complète, et même davantage. Cette variété de poids était un perpétuel sujet de disputes. Ghazan jugea qu'il ne devait pas y avoir, dans un État, plusieurs espèces de poids et de mesures, et rendit à ce sujet une ordonnance de la teneur suivante :

« Après avoir appris que, dans les marchés du camp militaire et les villes, chacun se sert d'un poids qu'il a fait à son gré, soit de pierre, d'os, de fer ou autre matière, et qu'il augmente ou diminue arbitrairement dans le commerce, par suite de quoi les pauvres sont trompés et éprouvent du dommage, nous ordonnons que, dans tout notre royaume, depuis le fleuve Amouyé (Oxus) jusqu'à la frontière égyptienne, les poids et mesures pour l'or, l'argent, les fardeaux, les solides et les aunes, soient vérifiés; qu'on les fasse en fer, et qu'ils soient marqués.

« On doit suivre ce règlement sans y manquer en rien. 1° Le poids des monnaies d'or et d'argent, dans tout le royaume, sera réglé sur celui de Tebrîz, afin que les espèces ne soient plus transportées d'une province à l'autre pour la différence de leur poids, et il sera partout égal, comme l'est déjà le titre; en conséquence les maîtres Fakhr eddin et Bahâï eddin, du Khorasân, sont chargés de faire pour l'or et l'argent des poids de forme octogone (شكل مثمن); ils préposeront deux hommes (معتمد) de leurs gens dans chaque province à la fabrication de ce poids, qu'ils feront, conjointement avec un expert (امين) désigné par le kadi de la province, en présence de l'inspecteur des marchés (muhtasib). Le règlement de cette administration exige que les particuliers fassent faire des poids en fer pur, semblables aux modèles présentés par Fakhr eddin et Bahâï eddin, et les portent auxdits experts dans chaque province, afin qu'après les avoir vérifiés ils y mettent leur timbre. Nulle autre personne n'a le droit de fabriquer les monnaies ni de les vérifier par le fer; quiconque prépare, au lieu de la monnaie vérifiée par les experts, une autre monnaie, sera puni sévèrement.

« 2° Tous les individus pourvus de ces poids contrôlés seront enregistrés dans des listes (دفاتر), afin qu'il ne puisse pas y avoir une tromperie ou confusion, et les poids seront vérifiés soigneusement chaque mois. Quiconque aura des poids qui ne seront pas justes, c'est-à-dire trop grands ou trop petits, ou aura en secret contrefait la marque, sera conduit devant le gouverneur (شحنه), qui lui fera subir la peine fixée par l'ordonnance.

« 3° Les poids pour les marchandises seront également faits d'après l'étalon en fer, de forme octogone, munis d'un timbre, et vérifiés en chaque lieu par les mêmes experts, selon le poids de Tebrîz. Ces poids seront au nombre de onze, depuis dix manns (livres), jusqu'à une drachme (درهم): 1, dix manns; 2, cinq manns; 3, deux manns; 4, un mann; 5, demi-mann; 6, un quart de mann; 7, un huitième de mann; 8, dix drachmes; 9, cinq drachmes; 10, deux drachmes; 11, une drachme. Pour un objet d'un poids plus considérable, les officiers qui ont le droit de timbrer (تمغاجيان شهرها) dans les villes feront des koubans.

« 4° Il y a dans chaque province une variété de mesures pour les solides, sous les noms de قفيز, كيله,

جريب, تغار et كندم, et d'autres dénominations conventionnelles; chacun fait une mesure à sa guise, bien qu'en général les mesures كيله et پيمانه soient partout en usage, et que les autres soient presque inconnues. Les militaires mongols, les commerçants et les étrangers qui se présentent pour recevoir les provisions assignées par le fisc (d'après la mesure تغار), ou pour acheter, ont à ce sujet des querelles avec les habitants. Celui qui est le plus puissant et le plus fort prend plus qu'il ne doit, et les pauvres reçoivent moins qu'ils n'ont droit de recevoir; en conséquence, nous avons commandé qu'il n'y ait, pour tout le royaume, qu'une seule mesure (كيله), savoir, celle de Tebrîz, pesant dix manns, le mann à deux cent soixante drachmes, dix kilé faisant un تغار, et qu'on ne se serve d'aucune autre mesure sous aucune dénomination quelconque, afin que le commerce et le calcul soient justes, et que personne ne puisse tramer contre l'autre une chicane. Comme les grains, tels que froment (كندم), orge, riz, pois chiches, fèves d'Égypte, sésame et millet, diffèrent de pesanteur, il sera fait pour chaque espèce une mesure particulière pesant dix manns de Tebrîz. Chaque espèce portera cette inscription sur les quatre côtés : كيلهٔ فلان حبّ « kilé de tel grain, » et les mêmes experts désignés par le kadi pour la vérification des poids y mettront leur timbre en présence du muhtasib. Ils mettront aussi sur le bord des mesures une de leurs marques, de manière qu'aucune tromperie, ni en plus, ni en moins, ne puisse avoir lieu. Ils feront chaque mois une inspection dans les villes et les campagnes. Celui chez qui une mesure sans marque sera trouvée sera conduit devant le gouverneur (شحنه), et, s'il est reconnu coupable, il sera condamné à avoir la main coupée ou à payer une amende. Désormais il n'y aura pas dans tout le royaume, depuis le fleuve Amoujé (*Oxus*) jusqu'à la frontière égyptienne, une autre mesure que la kila à dix manns, le tougâr à cent manns, le kafêz et le djerib. Quiconque fera usage d'une autre mesure, en négligeant cette ordonnance, sera poursuivi sans pitié. Si l'on veut diviser la kila en une demi-kila à cinq manns, cela sera permis, et alors vingt demi-kila feront un tougâr. Il y aura une mesure particulière pour le lait, le vinaigre et toute espèce de graisse, et chaque mesure contiendra dix manns, d'après le poids de Tebrîz. On pourra aussi établir une demi-mesure, semblable à celle de Tebrîz, qui contient cinq manns. L'outre pour les liquides destinés pour la table du camp militaire et les distributions doit contenir cinq پیمانه, pesant cinquante manns; mais celle qui est employée pour les festins (طوی) ne contient que quatre پیمانه à quarante manns.

« 5° L'aune complète employée dans le commerce des étoffes doit être égale à celle de Tebrîz, à la différence de celle de Roum, qui en diffère trop. Sur les deux bouts de l'aune sera marqué un timbre composé par les maîtres Fakhr eddin et Bahâï eddîn, et sa vérification sera faite périodiquement dans toutes les villes, de la manière mentionnée par les quatre experts. Quiconque aura commis une altération sera puni sévèrement. »

Le secrétaire Hindouschah, dont l'ouvrage a été cité dans l'avant-propos, a donné (ms. persan de la Bibl. imp. de Vienne, fol. 137 v°) trois épreuves des adresses aux muhtasibs (در القاب وادعيهٔ محتسبان) et, au folio 215, le diplôme d'investiture dans la charge du muhtasib (در تفويض احتساب). D'un autre côté, le poëte Hafiz a donné l'épithète de *muhtasib* à l'émir Mubâriz-eddin Muhammed, à cause de son zèle pour prescrire ce qui était permis, défendre ce qui était prohibé par la loi, et extirper entièrement l'iniquité et l'impiété; en effet, ses enfants et les plaisants de Schirâz le désignaient par le sobriquet de *muhtasib de la ville* (voyez M. Defrémery, *Journal asiatique*, 1845, juin, p. 445, note). Le poëte Khâkâni mentionne aussi le muhtasib de la ville d'Ispahân (conf. Spiegel, *Chrestomathia persica*, p. 101).

M. Marcel décrit, dans ses *Contes du schaikh Mohdy* (t. III, p. 398, note 20), la charge du muhtasib, et nous lui empruntons ce qui regarde son costume, qui est assez remarquable. Il est revêtu d'une longue pelisse. Le turban qui le distingue, et que lui seul a le droit de porter, le rend facilement reconnaissable. Au lieu de la forme généralement arrondie de toutes les coiffures des Orientaux, la sienne consiste dans une espèce de chapeau plat en dessous et s'élevant en cône, à peu près comme un pain de sucre. Ce cône, non tronqué, est recouvert d'une mousseline de la plus grande blancheur et de la finesse la plus recherchée, dont les plis minces et coordonnés l'un auprès de l'autre s'élèvent en spirales. Le costume du muhtasib a été donné au numéro 4, planche K, du deuxième volume de la grande Description de l'Égypte (état moderne).

M. Lane a aussi mentionné en détail le muhtasib et a décrit ses fonctions dans ses *Manners and Customs of modern Egyptians*, éd. de 1846, t. I, p. 165, ainsi que dans sa traduction anglaise des *Mille et une Nuits* (t. III, note 22), dans un conte du règne du khalife Almutadid. De même M. Burton dit dans son *Personal Narrative of a pilgrimage to el-Medinah and Meccah* (t. II, p. 10), que le marché de Médine est sous l'inspection d'un muhtasib, qui est subordonné au muhafiz, lequel a le gouvernement de la place. Dans les armées, le muhtasib est placé après le kadi et les princes du sang. (Conf. manuscrits arabes de Gotha, n° 258, fol. 165 v° et 166 r°, et Hammer-Purgstall, dans les comptes rendus de l'Académie impériale de Vienne, t. XV, à l'endroit où se trouve le tableau de l'arrangement de l'armée chez les Arabes.) Evliya Efendi (traduction anglaise de M. de Hammer, I. 52), nomme le muhtasib parmi les officiers de Galata, et nous donne (p. 169) une notice intéressante sur les satellites du muhtasib, qui sont au nombre de trois cents. Leur patron est Bahloul. M. le docteur L. A. Frankl, qui était au Caire il y a peu d'années, m'a assuré que la charge du muhtasib y existe encore, et il m'a communiqué ce qu'il en savait d'après ses propres observations. Les détails en seront donnés dans un ouvrage qu'il prépare maintenant sur l'Égypte.

Nous sommes amené à présent à reproduire ce que nous ont transmis cinq écrivains arabes sur la charge de la hisba, à savoir :

1° Makrizi, dans son excellente *Description de l'Égypte;*

2° Ibn-Forat, Chronique des règnes et des rois (*Tarikh aldoual oual-molouk*), ms. arabe de la Bibliothèque impériale de Vienne, ancien fonds, 120 (olim 446), t. IV, fol. 76 v°;

3° Ibn Khaldoun (Prolégomènes, éd. Quatremère, voy. *Notices et Extraits*, t. XVI, part. 1, p. 405);

4° Ibn Djemâat Alkinâni (manus. arabe de la Bibliothèque impériale de Vienne, nouveau fonds, 271, fol. 30 r°);

5° Al-Mawardi, dans l'édition de ses *Constitutions politiques* (الاحكام السلطانيّة), publiée par M. le docteur Enger, à Bonn, 1853, p. ٤٠٤ — ٤٣٢, chapitre xx.

I. Makrizi (édit. arabe de Boulac, t. I, p. ٤٩٣ et suiv.) dit que, au Caire, la maison officielle du muhtasib (دكة الحسبة) était près de la prison nommée حبس المعونة (voy. ci-devant, p. 13). « La charge de la hisba, dit-il, n'est confiée qu'à un des notables d'entre les musulmans et des hommes respectés pour leur probité, car cette charge appartient aux charges religieuses (لانّها خدمة دينيّة). Le muhtasib a au Caire, à Misr et dans toutes les provinces du royaume, des officiers qui le remplacent dans ses fonctions. Tous les deux jours, il siége dans les deux mosquées du Caire et de Misr; il fait faire par ses vicaires une ronde parmi les ouvriers et les artisans, et leur ordonne de sceller avec son timbre les chaudrons des faiseurs de la bouillie nommée *hérisa* (هريسة), de visiter la viande (de boucherie), de s'assurer qu'on égorge les bêtes (de manière qu'elles ne meurent pas dans leur sang), et de même chez les gargotiers. Ils parcourent les rues et empêchent la foule de se presser, et ils obligent les maîtres des bateaux à ne pas les charger plus que n'exige la sûreté de la cargaison, et de même pour les commissionnaires, eu égard aux bêtes de somme. Ils commandent aux porteurs d'eau de couvrir les outres d'un linge et les contrôlent dans leurs mesures; ils doivent avoir vingt-quatre seaux et chaque seau doit contenir quarante rotls. Ils doivent s'habiller de pantalons bleus et étroits, qui enveloppent les parties honteuses. Les mêmes officiers admonestent les instructeurs des écoles, de manière qu'ils ne battent pas trop fort les enfants et qu'il n'en résulte pas quelque meurtre; ils surveillent aussi les pédagogues des particuliers, et préviennent tout châtiment corporel infligé aux enfants des hommes. Ils surveillent quiconque est connu par sa mauvaise conduite et préviennent toute action indécente. Ils ont l'inspection sur les mesures et les poids. Le muhtasib a la direction de la maison officielle[1]; il reçoit un habit d'honneur à cette occasion, et son diplôme

[1] M. de Sacy a traduit دار العيار par *hôtel d'étalonnage*. Cette

est lu au Caire et à Misr dans la chaire des mosquées. Personne ne doit se mêler d'une affaire qu'il a à traiter, et ses satellites marchent à sa suite et l'aident, s'il en a besoin. Ses revenus sont de trente dinars par mois. Il y a un hôtel particulier pour le règlement et le contrôle des poids; le fisc fournit pour leur fabrication les matériaux de cuivre, fer, bois, verre, et entretient les ouvriers avec leurs inspecteurs. Le muhtasib contrôle et ajuste tous les poids, qui y sont fabriqués en sa présence; s'ils sont justes, il les timbre (امضا); sinon, l'on en fait de nouveaux, jusqu'à ce qu'ils soient justes. Dans cette maison il y a des modèles, d'après lesquels se fait l'ajustement, et la vente des poids n'a lieu que dans cette maison. A l'appel du muhtasib, tous les vendeurs s'y rendent avec leurs poids pour être contrôlés; les poids défectueux sont détruits et les possesseurs doivent se procurer, argent comptant, des poids timbrés dans la maison officielle. »

II. Ibn-Forât donne cette description de la charge du muhtasib :

واما الحِسْبَة فانّ من تسند اليه لا يكون الّا من وجوه
المسلمين واعيان المعدلين لانّها خدمة دينيّة وله
استخدام النوّاب عنه بالقاهرة والمصر وجميع اعمال الدّولة
كنوّاب الحكم وله جلوس بجامعيّ القاهرة ومصر يومًا

maison est décrite par Makrizi, immédiatement après la description de la hisba.

بعد يوم ويطوف نوّابه على ارباب الحرف والمعايش وغيرها ويومر نوّابه بالختم على قدور الهرّاسين ونظر لحمهم ومعرفته من جزاره وكذلك الطبّاخين ويتتبّعون الطرقات ويمنعون من المضايقة فيها ويلزمون روسا المراكب ان لا يحملوا اكثر من حدّ السّلامة وكذلك الحمّالين على البهايم ويأخذون السقّايين بتغطية الرّوايا بالاكسية ولهم عيار وهو اربعة وعشرون دلو كل دلو ان يكون رطلًا وان يلبسوا السّراويلات القصيرة الضابطة لعوراتهم وهى زُرّق وينذرون معلّمى المكاتب بان لا يضربوا الصبيان ضربًا مبرحا فى مقتل وكذلك معلمى القوم بتحذيرهم من التعزير باولاد النّاس ويقعون (*sic*) على من يكون سىء المعاملة ينهون بالردع والادب وينظرون فى المكاييل والموازن وله النّظر فى دار العيار ويخلع على المحتسب ويقرا سجله بمصر والقاهرة على المنبر ولا يحال بينه وبين مصلحة اذا راها والولاة تشد منه اذا احتاج الى ذلك وجاريه ثلاثون دينارا،

Ibn-Forât parle ici de la charge du muhtasib au temps du grand Saladin, et fait connaître l'étendue de son ressort. « Cette charge, dit-il, n'était conférée qu'à des musulmans distingués et qui étaient respectés comme des personnes justes; car cette charge porte un caractère religieux. Le titulaire avait sous ses ordres des lieutenants au Caire et dans toutes les provinces du royaume, de même que le juge avait des lieutenants dans son ressort. Il siégeait tous les deux jours devant les deux grandes mosquées au Caire, et ses lieutenants faisaient la ronde chez les artisans et tous les commerçants qui vendaient les comestibles ou d'autres choses; ils étaient chargés de cacheter les pots des faiseurs de la *hérisa* (la bouillie) et de faire l'inspection de leur viande. Le muhtasib prenait connaissance de la manière dont les bêtes de boucherie étaient égorgées, et de même les cuisiniers et gargotiers étaient sous son contrôle. Ses lieutenants parcouraient les rues et détournaient la foule, de manière à prévenir les embarras. Ils défendaient aux capitaines des navires d'embarquer des marchandises au delà de la sûreté de leurs navires; de même, ils empêchaient les commissionnaires de charger trop les bêtes. Ils ordonnaient aux porteurs d'eau de couvrir leurs outres de couvertures, et ceux-ci devaient avoir une juste mesure, c'est-à-dire vingt-quatre seaux, chaque seau à une (quarante) livre. Ils étaient obligés de mettre des pantalons courts et ajustés (étroits), en couleur bleue, de manière à ce que la pudeur fût observée. Les maîtres d'école avaient défense de frapper trop fort les enfants et de les exposer à mourir; de même les instructeurs du peuple devaient être avertis de n'être pas trop sévères envers les enfants des hommes. Ces lieutenants devaient exercer une tutelle (protection) contre tout agresseur. Ils avaient l'inspection sur les mesures et les poids, et l'inspection dans la maison de l'ajustement de la monnaie. Celui qui était installé dans la charge de muhtasib était revêtu d'emblèmes et de vêtements d'honneur, et son diplôme était lu au Caire, du haut des chaires des mosquées; quand il avait pris une affaire en main, personne ne pouvait intervenir, et les gouverneurs devaient lui prêter assistance s'il en avait besoin; ses gages étaient de trente dinars. »

III. Le passage des Prolégomènes dans lequel Ibn-Khaldoun parle de cette charge a été publié par M. de Sacy dans sa *Chrestomathie arabe* (t. I, p. 468). Nous reproduisons ici la traduction que ce grand orientaliste en a donnée :

« Le *hisba* (ou office du *mohtésib*) est un office du nombre de ceux qui tiennent à la religion. Il fait partie des devoirs imposés à celui qui gouverne les musulmans par la loi qui ordonne *de commander le bien et de défendre le mal.* Le souverain nomme, pour exercer cet office, celui qui lui paraît avoir les qualités nécessaires pour le remplir. On lui confie l'exécution des devoirs qu'impose cette place, et il prend des hommes pour l'aider dans ses fonctions. Il doit prendre connaissance de toutes les actions contraires aux lois, et réprimander et punir les délinquants, suivant leur degré de culpabilité. Une de ses obligations est de faire observer par les citoyens tout ce qui est requis dans l'intérêt commun des habitants de la cité. Ainsi il doit empêcher qu'on n'obstrue le passage de la voie publique, que les portefaix et les bateliers ne se chargent, eux ou leurs barques, outre mesure. Il doit obliger les propriétaires des maisons qui menacent ruine à les faire démolir, et prévenir tous les accidents qu'elles pourraient occasionner au préjudice de la sûreté des passants; interdire de leurs fonctions les maîtres qui, dans les écoles où l'on apprend à écrire (c'est-à-dire les écoles primaires), et autres lieux d'instruction, frappent avec excès les enfants qui étudient. Ses fonctions ne se bornent pas à faire justice quand une contestation est portée devant lui et quand on a recours à son autorité; il faut qu'il mette ordre à tout ce qui vient à sa connaissance et à ce qui lui est dénoncé en fait de choses de ce genre. Ses attributions toutefois ne s'étendent pas à prononcer sur toutes sortes de demandes; elles n'embrassent que les plaintes qui ont pour objet des fraudes ou des malversations dans le commerce des subsistances et autres choses semblables, ou dans l'usage des poids et des mesures de capacité. C'est encore à lui à engager les débiteurs retardataires à satisfaire leurs créanciers, et ses attributions comprennent d'autres choses de cette nature, dans lesquelles il n'y a ni preuves testimoniales à recevoir, ni autorité judiciaire à exercer. On pourrait dire que ce sont des affaires dont les kadhis n'aiment pas à s'occuper, tant elles sont fréquentes et faciles à décider, et que c'est pour cela qu'elles sont attribuées au mohtésib, qui est chargé d'y mettre ordre. De là il suit que l'office de mohtésib est par sa nature même subordonné à l'office du kadhi. Aussi, sous un grand nombre de dynasties musulmanes, par exemple sous les Obaïdites (Fatemides) en Égypte et dans le Maghreb, et sous les descendants d'Omaiyya en Espagne, les attributions du mohtésib étaient comprises dans la généralité des pouvoirs conférés au kadhi, et le kadhi déléguait ces fonctions à qui il voulait. Mais depuis que les droits du sultanat ont été séparés de ceux du khalifat, et que tout ce qui concerne l'administration temporelle est devenu l'apanage du sultanat, l'office de mohtésib a été compris au nombre de ceux qui appartiennent à l'exercice de la royauté, et est devenu un emploi spécial, qui est conféré indépendamment de tout autre [1]. »

IV. Ibn Dschmâat Alkinani (*l. l.*) s'explique de cette manière sur la charge de la hisba; voici d'abord le texte arabe :

الحسبة وحقيقتها ولاية الامرِ بالمعروف والنّهى عن المُنْكر
وكانت فى الازمان السّالفة فرعًا من فروع القضا تارة ومن
جهة السّلطان تارة وشروط ولاية الحسبة الاسلام والعدل
والعلم والصّرامة ومعرفة المنكرات ووجوه مصالح العمومات
والّذى عليه من الوظايف ثلاثة انواعٍ الاوّل حقوق ٱللّه
تعالى فينظر فيمن يخلّ بالواجبات من الطّهارة والصّلاة

[1] Conf. de Sacy, *Chrestomathie arabe*, t. I, p. 469-470, note 56, et p. 423, où l'émir Khairbeg Mimâr est cité; cet émir était alors (917 de l'égire. = 1511 de J. C.) paschâ et muhtasib de la Mecque, et avait défendu de vendre du café dans les marchés de cette ville).

والجمعة والجماعات ومن يرتكب المنكرات كاظهار المحرّمات وشرب المنكرات وكشف العَوْرات لا سيما فى الجماعات فيزجر صاحب ذلك ويؤدّبه بما يقتضيه حاله النّوع الثانى حقوق العباد المحضّة وهو النظر فى المكاييل والموازين وصحّتها على العرف المألوف فى بلده وينظر فى المكيلات والموزونات والمذرعات والمعدودات وانواع الحرف والصّناعات فيأمر باصلاح فاسدها وجريها على احسن قواعدها ومنه انواع الاشربة والمركّبات كانواع المعاجين والمفردات ومنه النظر فى الشوارع والمجارى والمنافع ومنه النظر فى السماسرة والدلاّلين وارباب الصّنايع وما يلتمسونه بالاحتياط بالتضمين ومنه النظر فى احوال التّجار والواردين من الامصار والقيم والاسعار، النوع الثالث ما يشترك فيه حقّ تعالى وحقّ العباد ومنه النظر فى الارقاق والسّادة وما يلزمهم شرعًا وعادةً ومنه النظر فى اهل الذمّة بتَأخُّذهم بالغيار وما يميزهم عن المسلمين ويمنعهم ممّا منعوا عنه ويكُفّ عنهم يد المعتدين ويُعَزّر من وجب تعزيره باجتهاده ويختلف باختلاف رعيّته وبلاده ولا يبلُغ بالتعزير حدًّا من الحدود،

« La hisba et ses fonctions essentielles consistent à commander le bien et à défendre le mal. Dans les temps précédents, elle était une branche, tantôt de la charge de kadi, tantôt du sultanat; les conditions nécessaires pour l'office de la hisba sont, 1° la profession de l'islamisme; 2° l'amour de la justice; 3° les connaissances juridiques et canoniques; 4° un caractère sévère; 5° la connaissance des choses défendues, et 6° celles des intérêts de la société en général. Ses devoirs se divisent en trois branches : 1° les droits envers le Dieu très-haut, de manière que la surveillance se porte sur celui qui néglige les devoirs obligatoires, comme la purification, la prière et la fréquentation de la mosquée le vendredi et lors des réunions pieuses, de même que sur celui qui commet des actions illicites, comme dévoiler des femmes, faire usage des boissons défendues et enfreindre les lois de la pudeur, principalement dans les assemblées publiques. Celui qui commet de telles actions doit être censuré et puni sévèrement, suivant les cas. 2° Les droits spéciaux des hommes en ce qui concerne l'inspection des poids et mesures et leur justesse, d'après l'usage admis dans la ville : le devoir de la hisba est de contrôler tous les objets mesurés et pesés, mesurés à l'aune ou dénombrés; d'inspecter les diverses branches des métiers et arts, d'ordonner le redressement des objets en mauvais état, et de tout rétablir sur les bases les plus belles; ainsi l'on doit surveiller les divers genres de boissons et de médicaments, tels qu'électuaires et médicaments simples; de plus, on doit avoir l'œil sur l'état des rues, les ruisseaux et les fosses d'aisances. A cela il faut joindre l'inspection sur les courtiers, les crieurs publics et les gens de métiers, et d'autres opérations qui exigeraient un dédommagement, comme le contrôle de la situation des marchands, des étrangers qui arrivent dans le pays, de la qualité des denrées et de leurs prix. 3° Les droits communs envers Dieu et les hommes sont l'inspection sur les esclaves et leurs maîtres, et leurs devoirs mutuels, d'après la loi et l'usage, et celle sur les zimmis (chrétiens et juifs) auxquels on a à commander de faire usage d'un costume particulier et de toutes autres choses qui les distinguent des musulmans. On les détournera de ce qui est défendu, on les protégera contre les insultes des méchants; on censurera celui d'entre eux qui mérite des reproches, en un mot, l'on aura égard à la position des individus et aux usages du pays, et on ne poussera pas la sévérité dans les châtiments jusqu'à la dernière limite[1]. »

V. Al-Mawerdi, qui avait rempli à Bagdad les fonctions de cadi, a donné dans le chapitre XX (le dernier) de ses *Constitutions politiques*, des renseignements détaillés sur la charge de la hisba, qui méritent d'être relevés. Il s'exprime ainsi : « L'ordre qui est contenu dans le verset du Coran (sur. III, v. 100) : « Afin « que vous deveniez un peuple appelant les autres « au bien, ordonnant les bonnes actions et défendant « les mauvaises, » s'adresse, en vérité, à chaque mu-

[1] Hammer Purgstall, *Länderverwaltung unter dem Chalifate*, p. 148, 150.

sulman; mais il y a une différence entre celui qui exécute cet ordre de son plein gré (التطوّع) et celui qui est commis par l'autorité publique pour veiller à ce que les hommes fassent de bonnes actions et omettent les mauvaises; celui-ci a le droit et le devoir de commander les bonnes et de défendre les mauvaises, et l'autorité publique lui en impose la responsabilité. La question peut être envisagée sous neuf points de vue.

« 1° Le devoir d'exécuter l'ordre regarde spécialement le muhtasib en vertu de sa charge (الولاية), tandis que, pour les autres, il fait partie des obligations solidaires[1].

« 2° La charge du muhtasib contient le droit de demander l'exécution d'une action, et de même le devoir de conduire à l'exécution d'une action dont l'omission ne serait pas permise, tandis que l'excitation venant d'une personne qui agit de son propre mouvement, et non pas en vertu de l'obligation de la loi, appartient aux mouvements arbitraires dont il est permis de s'abstenir.

« 3° Le muhtasib est chargé et investi du pouvoir de s'élever contre le violateur de la loi pour défendre ce dont la défense est nécessaire; mais celui qui le fait arbitrairement n'a pas reçu mission de s'élever contre les ennemis de la loi.

« 4° Le muhtasib est obligé d'exiger de celui contre

[1] فروض الكفاية. (Voy. le Commentaire de Baidhawî, édition Fleischer, à la sur. III, vers. 100, t. I, p. ١٦٩, et Burhân eddîn Zarnadji, *Enchiridion studiosi*, p. ٩.)

qui il s'élève une réponse à son ordre, pendant que celui qui le fait de lui-même n'a pas cette obligation de demander une réponse sur son invitation.

« 5° Le muhtasib a le devoir de s'enquérir des choses extérieures défendues, en vue de prohiber les choses illicites et de faire pratiquer les bonnes choses. Une personne qui se donne d'elle-même cette mission n'a l'obligation ni d'enquête, ni d'investigation.

« 6° Le muhtasib a le droit de recourir à ses subordonnés pour empêcher les choses illicites; la défense appartient à ses fonctions essentielles, et il est autorisé à remplir ses fonctions avec la plus grande force et vigueur; mais celui qui le fait de lui-même n'a pas le droit de s'attribuer des auxiliaires.

« 7° Le muhtasib doit censurer les choses notoirement illicites qui se manifestent, mais sans infliger des punitions légales, tandis que celui qui le fait par l'effet de son penchant n'a pas le droit de censurer les choses illicites.

« 8° Le muhtasib demande au fisc un salaire pour l'accomplissement de sa charge; mais celui qui commande et défend quelque chose de son propre mouvement, n'a pas le droit de demander une récompense.

« 9° Le muhtasib doit avoir une opinion personnelle relativement à ce qui regarde les usages (العرف) et qui n'est pas tranché par la loi (دون الشرع), par exemple, sur les règlements fondamentaux des marchés, de manière qu'il puisse appliquer, suivant les cas, ce que son opinion individuelle lui inspire; mais cela n'est pas l'affaire de celui qui commande et défend une chose en son propre nom.

« Ainsi il y a une différence entre le fonctionnaire investi de la hisba qui commande une bonne chose et défend une chose mauvaise, et celui qui agit de son propre mouvement. Cela étant, les conditions obligatoires du muhtasib sont, 1° qu'il soit bien né, c'est-à-dire de parents libres, doué de bon sens, d'un caractère ferme, dur et inabordable, solide dans la foi et la connaissance des choses notoirement illicites. Les jurisconsultes du rite schaféite ont été d'avis différents sur la question de savoir s'il est permis au muhtasib, en vertu de son opinion personnelle, d'aborder les hommes dans des choses qu'il défend de faire, mais sur lesquelles les docteurs ne sont pas d'accord, et ils se sont placés à deux points de vue : l'un est la décision d'Abousaïd Alistakhri, que le muhtasib a le droit d'ordonner ce qu'il croit bon et de défendre ce qu'il croit être illicite d'après son idée personnelle et son intelligence, et dans ce cas il est nécessaire que le muhtasib soit un homme savant, qui appartienne aux moudjtahids[1] doués d'une idée exacte sur les problèmes de la foi, afin qu'il mette en usage toute la capacité de sa raison pour pouvoir agir dans un cas sur lequel on est partagé d'avis. Dans l'autre point

[1] De Sacy, *Chrestomathie arabe*, I, 169 et suiv. Morley, *The Administration of Justice in India*, p. 253; Slane, *Ibn-Khallikân*, traduction anglaise, vol. I, p. 201, note.

de vue, il n'a pas le droit ni le devoir d'aborder les hommes et de les contraindre d'après son idée individuelle, vu qu'il est permis à chaque personne de mettre en usage sa capacité pour se faire une opinion personnelle dans les cas où l'on est partagé d'avis. Sous ce point de vue le muhtasib n'est pas obligé d'être de la classe des moudjtahids; il suffit qu'il sache toutes les choses illicites sur lesquelles on est d'accord en général.

PREMIÈRE SECTION.

« La hisba est, comme on sait, une charge qui tient le milieu entre les devoirs du kadi et ceux des employés (walis ou nazirs), de l'office pour la réparation des griefs (ديوان مظالم ou نظر فى مظالم); la différence qui existe entre elle et la charge de kadi est celle-ci : quoiqu'elle s'accorde avec les jugements du kadi sous deux rapports, elle a une sphère d'activité plus restreinte ou plus large sous deux autres. Les deux cas dans lesquels elle est d'accord avec les jugements du kadi sont : le droit et la permission de s'élever contre le violateur de la loi et d'entendre la réclamation d'un homme à qui un autre a fait tort dans les devoirs et les droits humains; cela pourtant ne se rapporte pas en général à toutes les réclamations, mais seulement à trois genres de réclamations : 1° celle qui s'applique à quelque cas d'amoindrissement et d'exécution non satisfaisante d'une mesure ou d'un poids; 2° celle qui s'applique à quelque falsification ou aux tromperies dans la vente ou dans le payement des prix; et 3° celle qui se prononce contre une prolongation de terme et un retardement dans le payement d'une dette. Son intervention est permise dans ces trois cas, mais non pas dans les autres; car la sphère de la hisba est de contraindre les opiniâtres à remplir leurs devoirs; mais elle ne doit pas aller jusqu'à une décision complète, qui n'est que de la compétence du juge. C'est un des endroits dans lesquels la hisba est en accord avec la charge du kadi. L'autre partie consiste dans le devoir de contraindre la personne contre laquelle une réclamation a été faite à renoncer au droit qu'elle croit avoir; mais cela ne s'applique pas en général à tous les droits; cela s'applique seulement à ceux à l'égard desquels il est permis au muhtasib d'entendre la réclamation. Que si la personne contre laquelle s'élève la réclamation avoue la dette et est en état de s'acquitter, elle doit se hâter de le faire; un retard dans des cas semblables est une chose illicite, et la mission du muhtasib est de réprimer les choses illicites. Les deux endroits dans lesquels la hisba a une sphère plus restreinte que les fonctions de la charge du kadi sont ceux-ci : 1° il n'est pas permis au muhtasib d'entendre toutes les réclamations, principalement celles qui sont au delà des choses notoirement illicites, savoir: les réclamations regardant les contrats et les transactions et tous autres droits et toutes prétentions. Il ne doit pas demander à entendre une réclamation sur ces dernières choses et donner une décision sur elles, qu'il s'agisse de beaucoup ou de peu de dirhems; pour qu'il pût réunir à la fois la compétence du kadi et du muhtasib, il faudrait qu'il fût de la classe des moudjtahids; mais s'il se borne à la sphère générale de la hisba, les juges (kadis) et les gouverneurs sont plus compétents pour donner une décision et avoir l'inspection et le soin pour le beaucoup et le peu de ces droits. Il n'est pas permis au muhtasib d'écouter une preuve manifeste pour l'affirmation de la vérité, ni de faire prêter un serment pour la négation de la vérité; mais les juges (kadis) et les gouverneurs sont plus compétents pour écouter les preuves et faire jurer les parties. Il y a pourtant deux endroits pour lesquels il peut s'avancer jusqu'aux décisions légales des choses litigieuses : dans l'un il lui est permis d'examiner le bien qu'il ordonne et le mal qu'il défend; et s'il n'y a pas en présence un adversaire *habile*, puisque le juge ne peut se disposer à décider qu'en présence d'une partie adverse, alors il lui est permis d'écouter la réclamation du *plaignant*. Si le juge pourtant s'offre à décider, le muhtasib sort de sa sphère et s'écarte du principe de son inspection. L'autre est que le muhtasib a besoin d'un pouvoir absolu et de l'assistance efficace des défenseurs (protecteurs, حماة [1]) dans tout ce qui regarde les choses illicites, ce qui n'est pas nécessaire pour les juges; car le caractère fondamental de la hisba est d'exciter l'horreur, de sorte que le muhtasib,

[1] Je traduis ci-dessous ce mot par : *sergent*.

en s'élevant contre l'adversaire, fait usage de son pouvoir absolu, de l'austérité et de la sévérité de sa charge, pendant que le caractère de la charge de kadi est la réconciliation des deux parties contendantes, de sorte que la réserve et la gravité lui conviennent mieux, et que la transgression de cette position jusqu'à l'austérité et à la violence de la charge de la hisba se convertiraient en injustice et rudesse; car l'objet des deux charges est si différent, qu'une démarche qui s'éloignerait de cet objet serait une transgression. Par rapport à la charge de la hisba et à l'office des réparations des griefs, il y a une ressemblance commune qui réunit ces deux charges, et une différence qui sépare l'une de l'autre. Deux points de vue se présentent à nous, à l'égard de la ressemblance qui rapproche ces deux charges. L'un est que le caractère des deux charges est l'excitation de l'horreur accompagnée de la force d'un pouvoir absolu et inflexible; l'autre est qu'on est décidé à faire marcher les affaires[1] et à réprimer les attentats notoires et manifestes. La différence qui les sépare se présente aussi sous deux points de vue : 1° l'office des réparations des griefs s'applique à ce que les juges (kadis) sont faibles pour l'exécution, pendant que l'essence de la charge de la hisba est d'exécuter ce que les kadis traitent avec indulgence, et pour cette raison le degré de l'office des réparations des griefs est plus élevé, et celui de la hisba est plus bas. A l'officier employé pour la réparation des griefs il

[1] اسباب المصالح.

est permis de notifier sa décision au kadi et au muhtasib; mais il n'est pas permis au kadi de notifier une décision à l'officier employé pour la réparation des griefs, tandis que celui-là peut signifier la décision du muhtasib, à qui il n'est pas permis de signifier la décision à aucun de ces deux officiers. 2° Il est permis à l'officier des réparations des griefs de décider, ce qui n'est pas accordé au muhtasib.

IIe SECTION.

« Le caractère et l'objet de la hisba étant comme nous l'avons décrit, la hisba contient deux divisions dans ses fonctions, l'une qui consiste dans le commandement du bien et l'autre dans la défense du mal. Le commandement du bien se divise en trois parties : la première s'applique à tout ce qui est en connexion avec les devoirs divins (qui sont à remplir envers Dieu); la seconde, à tout ce qui regarde les devoirs humains (qui sont à remplir envers les hommes); la troisième comprend les devoirs envers Dieu et les hommes.

« La première partie, qui s'applique aux devoirs envers Dieu, se divise en deux espèces; l'une regarde le commandement qui s'adresse à la communauté, sans différence des individus, par exemple, l'omission de l'office du vendredi dans la grande mosquée, dans un endroit habité. S'il y a un nombre d'hommes qui soient d'accord pour que le culte du vendredi soit célébré ensemble par quarante personnes et au-dessus, le muhtasib a le devoir de ramener les habitants à son exécution et de commander sa célébration, comme de réprimander son omission; si pourtant les avis sont partagés au sujet de la célébration commune du culte du vendredi dans la grande mosquée, la situation du muhtasib et celle de ces hommes peut être envisagée sous quatre points de vue :

« 1° L'avis du muhtasib et celui du peuple sont d'accord sur le service commun du vendredi dans la grande mosquée; alors le muhtasib doit leur commander de célébrer le culte et ils doivent s'empresser d'exécuter ses ordres.

« 2° L'avis du muhtasib et celui du peuple sont que le service du vendredi ne soit pas célébré ensemble; alors il n'est pas permis au muhtasib de commander de le célébrer en commun, pendant qu'il aurait le devoir de le défendre, si le service était célébré ensemble.

« 3° Le peuple est d'avis qu'une partie des habitants célèbre le service du vendredi, pendant que le muhtasib ne le trouve pas nécessaire; alors il n'a pas le droit ni le devoir de les inquiéter pour cet objet et de leur commander ce service, puisqu'il ne le trouve pas nécessaire. De même il ne lui est pas permis de leur défendre et de les empêcher de faire ce qu'ils jugent un devoir obligatoire pour eux-mêmes.

« 4° Le muhtasib trouve une chose nécessaire, pendant que le peuple ne la trouve pas obligatoire pour la totalité; cela conduirait, par la continuation de son omission, à l'abrogation du service du vendredi pour ces personnes et pour celles qui le négligent. Dans ce cas on demande s'il est permis au muhtasib de leur commander le service, oui ou non; deux points de vue se présentent, et les adhérents de l'imam Alschâfii s'expriment ainsi : 1° l'avis du kadi Abou-saîd Alistakhry est qu'il est permis au muhtasib de commander la célébration du service en vue de l'avenir moral du peuple, de peur que les enfants élevés pendant cette omission ne croient que le service est abrogé pour le surplus des personnes, comme il s'abroge pour un petit nombre. Zajâd observait dans les deux grandes mosquées de Basra et de Koufa que les hommes essuyaient la poussière de leurs fronts dès qu'ils avaient fait la prière; alors il ordonna de jeter des cailloux dans l'intérieur de la grande mosquée et dit : « Je ne crois pas qu'un long temps s'écoule sans que les enfants s'imaginent qu'ils doivent essuyer la poussière de leurs fronts quand ils font la prière. » 2° Le muhtasib ne doit pas se disposer à commander le service du vendredi, puisqu'il ne lui est pas permis d'exciter les hommes à accepter son avis ni de les forcer à suivre dans le culte religieux son idée, vu qu'il est permis à chacun de mettre en usage sa capacité pour se faire un avis individuel, et que le petit nombre est une dispense du service de vendredi. Le muhtasib a le droit de commander l'exécution de la prière de l'îd (la fête du Bairam); mais la question, si cet ordre appartient aux devoirs nécessaires ou arbitraires du muhtasib, a donné lieu à deux points de vue chez les adhérents de l'imam Alschafii : il est question si cette prière est masnouna (مسنونة, sanctionnée seulement par la tradition), ou si elle est comprise dans le nombre des obligations solidaires (فروض الكفاية). Si l'on dit qu'elle est traditionnelle, l'ordre dans ce cas est une excitation arbitraire (ar. ندبا); et si l'on dit qu'elle est une obligation solidaire, l'ordre est catégoriquement canonique (حتمًا). Mais la prière de la totalité du peuple dans la (grande) mosquée et l'annonce qui s'en fait du haut des minarets, excitent les croyants à l'accomplissement des prières, qui font une partie essentielle des cérémonies religieuses de l'islamisme et des actes du culte religieux par lesquels le Prophète a établi une différence manifeste entre la maison de l'islamisme et celle de l'idolâtrie. Si les habitants d'une ville ou d'un quartier sont d'accord pour abroger le culte du vendredi dans les mosquées et pour l'omission de l'azân aux heures de la prière, le muhtasib peut prendre sur lui de commander l'azân et la réunion, pour l'accomplissement des prières. Il est pourtant incertain si cela est une obligation pour lui, et s'il pèche par son omission, ou si cela est une action laissée à son bon plaisir et pour laquelle il a à espérer la récompense divine. Les adhérents de l'imam Alschafii se sont partagés au sujet de l'accord des habitants d'une ville dans l'omission de l'azân et du culte religieux, et si le sultan doit les punir pour leur omission ou non. Le muhtasib n'a pas de droit relativement à l'omission de la prière du vendredi de la part des particuliers et à l'omission de l'azân; je dis qu'il n'a pas le droit d'y contraindre les habitants, à moins qu'ils n'aient fait de cette omission une coutume et une habitude; en effet, l'accomplissement de la prière est une de ces choses qui peuvent ne pas avoir lieu par des empêchements, à moins qu'on n'ait des raisons de soupçonner de mauvaises intentions, ou que la personne n'en ait fait sa coutume et son habitude, de manière qu'il y ait lieu de craindre que cette conduite ne soit imitée par d'autres. Alors le muhtasib aura soin de régler cette affaire par sa réprimande en empêchant le coupable de mépriser les traditions du culte religieux. Les menaces qu'il fera au sujet de l'abstention de la présence avec la totalité des fidèles dans la grande mosquée pour la célébration du culte divin s'appuieront sur les règles établies, comme sur une tradition du Prophète, qui a dit: « Je désirais commander à mes adhérents qu'ils se réunissent dans la mosquée, le vendredi, pour écouter les prônes, et j'ordonnai de faire la prière; la prière étant faite, j'allai aux habitations des hommes qui n'avaient pas été présents à la prière, et je fis pendant leur absence mettre le feu aux habitations. » En ce qui concerne les hommes qui tardent à se rendre à la mosquée, on les rappelle à leur devoir, et on attend que l'ordre soit exécuté. Si quelqu'un dit qu'il a omis la prière par oubli, le muhtasib l'excitera à être plus exact dorénavant; mais il ne lui fera pas de reproches pour cela. Si pourtant cet homme disait, « Je l'ai omise par mépris et indifférence, » le muhtasib lui fera des reproches avec des menaces et le forcera à la faire. Mais le muhtasib n'a pas le droit d'aborder celui qui est en retard pour une prière dont le temps n'est pas encore venu. Que si dans les communautés et les assemblées d'une ville les habitants sont d'accord de retarder leurs prières jusqu'au terme dernier et que le muhtasib croie que son accélération est à préférer, alors il s'agit de savoir s'il lui est permis de leur ordonner de se hâter. Le fait est que l'habitude de la majorité de la retarder conduit l'enfant grandissant à l'opinion que le temps dans lequel ces personnes font la prière est le juste, et non pas l'autre, et si quelques-uns l'accéléraient, les autres, qui la retarderaient, resteraient en arrière. Si l'avis du muhtasib diffère au sujet de l'azân et de l'action de s'abaisser devant Dieu dans la prière, il n'a pas le droit d'aborder le peuple pour lui rien ordonner ou défendre, puisque ces actions sont remises à l'opinion personnelle de chacun, et ce cas s'éloigne du point de vue que nous avons exposé ci-devant. Il en est de même pour la purification qui se fait par un homme à son aise dans une manière particulière qui est différente de l'avis du muhtasib. Le muhtasib n'a pas le droit d'aborder quelqu'un dans aucune affaire de ce genre pour lui rien commander ou défendre. Il faut pourtant excepter le cas où quelqu'un, faute d'eau, ferait son ablution avec un extrait de dattes; en effet, souvent l'usage de cet extrait conduit à l'enivrement. Sur ces bases et ces exemples s'appuient les ordres du muhtasib au sujet des devoirs à remplir envers Dieu.

IIIe SECTION.

« Le commandement du bien dans les devoirs à remplir envers les hommes se divise en deux espèces : l'une est générale, l'autre spéciale. 1° L'espèce générale s'applique, par exemple, à une ville dont l'eau à boire est corrompue ou dont les murailles menacent ruine, ou dans laquelle les voyageurs nécessiteux qui arrivent pendant la nuit ne trouvent pas d'asile. S'il y a dans le fisc de l'argent, les habitants n'ont à répondre de rien. Le muhtasib ordonne de rendre l'eau salubre, de restaurer les murs de la ville et de secourir les voyageurs pendant leur passage : c'est là le devoir du fisc et non pas des habitants; il en est de même quand les mosquées menacent ruine. S'il y a pourtant trop peu d'argent dans le fisc, le rétablissement des murs de la ville, la réparation des mosquées, petites et grandes, etc. sont à la charge de la masse des habitants riches, sans s'appliquer à personne en particulier; que si les riches commencent à exécuter cet ordre, s'ils prennent soin des voyageurs de passage, le droit du muhtasib de le leur commander ne peut pas avoir lieu. Il n'est pas nécessaire pour eux de demander la permission d'avoir soin des voyageurs et de rétablir les bâtiments qui tombent en ruine ; mais s'ils veulent démolir un bâtiment quelconque qui menace ruine, en vue de le reconstruire, par exemple les murailles qui enferment tous les habitants, ou les mosquées, ils doivent demander d'abord la permission du gouverneur (ولى الامر), mais non pas du muhtasib. On est dispensé de la requête de la permission pour les mosquées qui appartiennent spécialement aux tribus et castes. Le muhtasib a le devoir d'obliger les riches à rétablir ce qu'ils ont démoli, mais il n'a pas le droit de les forcer à achever ce qu'ils ont commencé. Si les gens opulents de la ville sont dans l'impossibilité de rétablir ce qui menace ruine et de restaurer ce qui va tomber en débris, mais que la place dans la ville soit suffisante et que l'eau suffise pour le besoin, il doit laisser ces gens tranquilles. Quand la ville est une place frontière, dont la ruine serait un dommage pour la cause de l'islamisme, le gouverneur n'a pas la permission de concéder des émigrations de ce lieu; dans les cas de ce genre, le devoir du muhtasib est d'avertir le sultan et de solliciter l'assistance des hommes vigoureux et puissants. Mais si la ville n'est pas une place frontière, et que sa chute soit indifférente pour la cause de l'islamisme, l'affaire est plus simple et le muhtasib n'a pas besoin de forcer les habitants pour son rétablissement; c'est au sultan de la rétablir, et, s'il manque d'argent, il doit s'en procurer; en attendant le muhtasib aborde les habitants et leur dit : « Pendant l'impuissance du sultan à la rétablir, vous aurez à choisir entre l'émigration ou l'obligation de débourser ce qui est nécessaire pour l'arrangement de cette affaire, ce qui vous permettra de rester dans vos demeures. » S'ils consentent à remettre ce qui est nécessaire pour cet objet, la totalité s'oblige à donner, chacun suivant ses moyens; mais il n'est pas permis au muhtasib de forcer quelqu'un à donner ce qu'il ne veut pas débourser à raison de sa fortune, soit peu, soit beaucoup. Il peut dire : « Chacun de vous déboursera ce qu'il est en état de donner à son aise, et celui qui manque d'argent aidera à exécuter le travail; » de manière que cette affaire puisse être commencée après la collection d'un capital suffisant ou après une garantie positive donnée par chacun des hommes opulents. Chaque garant de la communauté s'acquittera de sa promesse, et s'il existe une telle garantie, des transactions spéciales ne seront pas nécessaires; car la catégorie des affaires est très-large et celle de la garantie pour une telle affaire est encore plus large : ainsi, si cette affaire regarde la totalité, le muhtasib n'a pas besoin de se mettre en peine pour son exécution, de manière qu'il s'adresse au sultan pour son expédition; il vaut mieux que l'affaire ne soit pas embrouillée, puisque cette affaire n'appartient pas au ressort ordinaire de sa charge; seulement, s'il y a peu d'hommes qui s'obligent à l'exécuter et que la permission du sultan se fasse attendre, ou qu'un trop grand dommage soit à craindre, le muhtasib peut se mettre à la chose sans permission.

« 2° L'espèce spéciale. Si les obligations sont en retard et les dettes arriérées, le muhtasib a le devoir de commander de les solder; mais il n'a pas le droit de mettre en prison quelqu'un pour ces droits; car l'emprisonnement dépend de la décision judiciaire. Il ne doit pas prendre des douceurs de la part des parents pour un avis personnel dans une affaire judiciaire donnée à celui à qui appartient le droit : dans ce cas il lui est seulement permis de prendre de l'argent pour l'acquittement des droits. De même est la tutelle des petits enfants pour lesquels elle est nécessaire; mais il ne doit pas l'ordonner jusqu'à ce que le juge ait donné sa décision; alors le muhtasib a le devoir d'ordonner l'expédition de l'affaire d'après les conditions légitimes. Par rapport à la réception des legs et aux fortunes en dépôt, il n'a pas le droit de commander quelque chose aux particuliers ou individus; seulement il lui est permis de donner un ordre sur l'affaire en général par une excitation de l'assistance mutuelle avec bonne foi et crainte de Dieu. Telles sont les bases sur lesquelles s'appuient les ordres de faire du bien dans les devoirs envers les hommes.

IVe SECTION.

« Le commandement de faire du bien, en regard des devoirs envers Dieu et les hommes, s'applique, 1° à ceux qui ont l'envie de se marier avec les filles de la même condition, lesquelles sont demandées par eux à leurs parents pour le mariage, et 2° le devoir d'amener les femmes à observer les termes dans lesquels il leur est défendu d'avoir commerce avec les hommes après le divorce. Le muhtasib a le droit de réprimander et de corriger les femmes qui violent la loi relativement à ces termes; mais le muhtasib n'a pas le droit de réprimander un homme qui voudrait épouser et qui est retenu par un empêchement. Quant à celui qui se défait d'un enfant après qu'il a été établi que sa mère avait eu des relations avec lui et après que sa paternité a été constatée, le muhtasib le force à accomplir les devoirs paternels, de même qu'il oblige les maîtres à accomplir leurs devoirs envers les serviteurs et les servantes, et les engage à ne plus s'obliger à ce qu'ils ne peuvent pas remplir. Puis il excite les maîtres et les possesseurs de bêtes à les nourrir par une assez bonne nourriture, et à ne pas exiger d'elles ce qu'elles ne peuvent pas supporter. A celui qui prend chez lui un enfant trouvé et a trop peu de soin pour lui dans sa tutelle, il ordonne d'accomplir dûment les devoirs de nourrir son pupille. A ces devoirs appartient l'obligation de se charger de sa tutelle ou de la transmettre à quelqu'un qui est mieux en état de s'en acquitter; de même celui qui trouve des chameaux qui se sont égarés du chemin et ne leur donne pas de soin, le muhtasib l'avertit de faire attention à leurs besoins, ou, s'il ne peut pas, de les transmettre à celui qui peut le remplacer.

Ve SECTION.

« La défense des choses illicites se divise en trois

parties : l'une s'applique aux devoirs envers Dieu, la seconde aux devoirs humains, et la troisième aux droits communs pour Dieu et les hommes. La première partie, qui regarde les droits divins, se divise encore en trois espèces : 1° l'une s'applique au culte religieux, la seconde regarde les choses défendues par la loi divine (المحظورات), et la troisième se rapporte à tout ce qui est en connexion avec les transactions (المعاملات). La première défense s'applique à celui qui a l'intention de contrevenir à la forme prescrite par la loi ou la tradition, par exemple à celui qui a l'intention de parler à haute voix dans la prière mentale (صلاة الاسرار), ou de faire une prière mentale pendant que la prière est faite à haute voix, à celui qui ajoute à la prière des formules qui ne sont pas traditionnelles. Le muhtasib a le droit de maintenir le précepte et de corriger celui qui y contrevient; mais il doit se garder de tout soupçon et de toute opinion singulière, comme on l'a raconté d'un inspecteur de la hisba, qui demanda à un homme qui entrait dans la mosquée chaussé de deux sandales, s'il était en état de pureté, et qui voulut le faire jurer pour cela. Cela est un effet de l'ignorance de celui qui le fait, par laquelle il excède les bornes des fonctions de sa charge. Il en serait de même si le muhtasib avait l'opinion qu'un homme ait oublié l'ablution nécessaire après la cohabitation, ou qu'il ait oublié de faire la prière ou de jeûner; il ne doit pas vexer quelqu'un sur de simples soupçons, et ne pas l'aborder pour constater un oubli; seulement il peut rappeler aux hommes le châtiment divin à cause de l'omission des devoirs à remplir envers Dieu. S'il voit manger quelqu'un pendant le mois de ramadhân, il ne peut le corriger qu'après lui avoir demandé la raison pour laquelle il mange dans ce mois; en effet, celui-ci peut être malade ou en voyage; mais s'il n'apporte pas une excuse, le muhtasib le lui défend à haute voix, de manière à l'empêcher d'y revenir, et il emploie même la force. Que s'il a une excuse, le muhtasib l'exhorte à ne pas enfreindre publiquement le précepte, de peur que les ignorants ne l'imitent. En regard de celui qui s'abstient de payer la dîme (aumône légale الزكاة), deux points de vue se présentent : 1° quand elle appartient aux biens publics (الاموال الظاهرة), le percepteur des aumônes est chargé spécialement de se la faire remettre, et il a le droit de reprocher à cet homme sa mauvaise foi s'il n'apporte pas d'excuse; 2° si elle appartient aux biens secrets (الباطنة), il est possible que le muhtasib ait un plus grand droit que le percepteur des aumônes à faire des reproches au retardataire, car le percepteur n'a pas le droit de faire une réclamation en regard des biens secrets. Si quelqu'un s'adresse aux autres pour exiger l'aumône et qu'on sache qu'il est riche, on doit, soit en raison de l'argent ou de son action, blâmer sa conduite et le corriger pour cela; mais le muhtasib a un plus grand droit de le lui défendre que le percepteur des aumônes. Le khalife Omar agissait de la sorte envers les hommes qui avaient le devoir de payer l'aumône, et s'il voyait dans quelqu'un d'eux les traces de l'opulence pendant qu'il demandait aux autres, il lui exposait que sa manière d'agir était illicite et injuste envers celui qui en avait besoin; mais il ne défendait pas directement d'agir ainsi, vu que cet homme pouvait être pauvre en secret. Et si celui qui est doué de vigueur et de force pour travailler se met à demander l'aumône, le muhtasib le corrige pour sa conduite et lui commande de se disposer à gagner sa vie par le travail de ses mains; s'il persiste dans sa coutume à demander l'aumône, il lui fait des reproches jusqu'à ce qu'il l'en ait détourné tout à fait. Si quelqu'un se livre à la science de la loi sans appartenir à la classe des gens de loi, c'est-à-dire s'il n'est ni jurisconsulte, ni prédicateur, et que les hommes ne soient pas suffisamment garantis contre ses erreurs et ses mauvaises interprétations, le muhtasib lui défend de s'en occuper, puisqu'il n'appartient pas aux gens de loi, et il lui rappelle nettement la règle, afin que nul ne se laisse tromper par lui; mais, à l'égard de celui dont la condition est incertaine, il ne l'aborde avec la défense que lorsqu'il a été informé de sa véritable condition. Le khalife Ali ben Abi-Thalib passa une fois près de Hassan Albasri, pendant que celui-ci prêchait les hommes, et, voulant savoir quelle était la manière de voir de Hassan, il lui demanda : « Quelle chose est la colonne de la religion? — L'abstinence, lui répondit-il. — Quelle chose est une cause de ruine? — L'avarice et la cupidité. » Telle fut sa réponse. De même, si quelqu'un émet des doctrines par lesquelles l'accord des savants est altéré ou rompu, et qui sont contraires à l'idée sanctionnée par la totalité des jurisconsultes, les savants contemporains désapprouvent sa doctrine, la lui défendent et cherchent à l'en détourner afin qu'il l'abandonne et vienne à résipiscence, sinon le sultan a le droit de se charger de maintenir la pureté de la religion. Si quelqu'un des interprètes du Korân donne une explication qui s'écarte du sens manifeste de l'inspiration, ou si quelqu'un des traditionnistes s'attache à des traditions non reconnues, qui sont rejetées par le goût des hommes, et par lesquelles l'interprétation se corromprait, le muhtasib a le droit de censurer sa conduite et de l'en détourner. A cet égard le muhtasib peut procéder de deux manières différentes : ou bien il a distingué lui-même la vérité de la fausseté, le pur du corrompu, par sa capacité à se faire une idée personnelle exacte sur l'affaire dont il s'agit, et qui lui est bien connue, ou bien parce que les savants contemporains se seront accordés sur le danger de cette doctrine. Alors sa défense s'appuie sur leurs arrêts, et ses refus et empêchements sur leur accord.

VIe SECTION.

« Le muhtasib a le droit de détourner les hommes de tout ce qui est en connexion avec les choses défendues par la loi divine. Le Prophète a dit : « Laisse ce qui te paraît suspect pour ce qui ne te paraît pas suspect. » Il fit précéder la défense et ne se hâta pas de faire usage du reproche. Ibrahim Alnakhâï rapporte que le khalife Omar ibn Alkhattâb avait défendu aux hommes de faire les tournées de la Kaaba avec des femmes; il vit une fois un homme faire la prière avec des femmes, et il lui donna des coups avec un nerf de bœuf; l'homme lui dit: « Parbleu, si je faisais une bonne action, tu m'as fait injustice, et si je faisais une mauvaise action, tu ne m'en as pas rendu plus savant. » Alors Omar dit: « Est-ce que tu ne t'aperçois pas de mon intention? — Je n'aperçois pas en toi une intention, » répondit-il. Omar lui présente le nerf de bœuf et lui dit: « Rends-moi la pareille. » Celui-ci dit: « Aujourd'hui je ne rendrai pas la pareille. » Alors Omar dit: « Pardonne-moi. — Je ne te pardonne pas, » répondit-il. Puis ils se séparèrent. Le lendemain cet homme rencontra le khalife; la couleur du visage d'Omar était altérée; il lui dit: « Prince des croyants, je vois que ce qui était en moi s'est emparé vite de toi. — Oui, » répondit Omar. — « J'atteste, répondit l'autre, que je t'ai pardonné. » Si le khalife Omar voyait sur une route très-fréquentée un homme dans un rendez-vous avec une femme, et que rien de suspect ne se manifestât dans ces deux personnes, il ne les abordait pas avec des reproches, et les hommes ne s'en ressentaient point du tout. S'il y avait un rendez-vous sur une route solitaire, comme la solitude d'un lieu excite les soupçons, il leur défendait tout commerce ensemble; mais il ne se hâtait pas de leur faire des reproches, appréhendant que la femme ne fût une parente; il disait : « Tenez-la éloignée des lieux suspects; » et si elle était une étrangère, il disait : « Conserve la crainte du Dieu excellent dans un endroit solitaire, qui pourrait te conduire à la désobéissance envers la loi divine; » mais il recourait aux corrections à mesure des marques qu'il découvrait. Ibn-Alazhar raconte que Ibn-Aïscha vit parler un homme à une femme sur une route, et il lui dit : « Si elle est ta parente, il est indécent de ta part que tu lui parles devant les hommes; et si elle n'est pas ta parente, cela est beaucoup plus indécent. » Alors il se détourna de lui et se rendit à se affaires. Mais voilà qu'un billet fut jeté, sur lequel étaient écrits ces vers :

Celle avec qui tu m'as vu causer un matin était une messagère qui m'apportait une missive, pour laquelle mon âme fut sur le point de me quitter.

Cette lettre venait d'un être aux yeux faibles, qui porte sur ses épaules l'arc de la jeunesse, qui le lance, et qui n'a pas de rival.

Si ton oreille s'avançait jusqu'à nous, de manière que tu entendisses ce que nous disions, tu reconnaîtrais que ce que tu as trouvé indécent dans ma conduite était décent et joli.

« Ibn Aïscha lut ce billet et trouva écrit en tête le nom du poëte Abou-Nouwâs. Ibn Aïscha dit : « Qu'ai-je de commun avec Abou-Nouwâs? » Cette manière d'Ibn Aïscha de défendre une chose suffira pour les autres cas du même genre; mais elle ne suffira pas pour les inspecteurs de la hisba qui se croient obligés à interdire une chose. Les vers d'Abou-Nouwâs ne contiennent pas une pensée de libertinage, vu qu'il peut y être question d'une parente chaste; mais si le contenu des paroles montrait clairement la débauche et une situation suspecte, le cas auquel fait allusion Abou-Nouwâs serait condamnable. Si le muhtasib rencontre un tel cas, il ne le défend pas tout de suite; il procède avec lenteur, il étudie avec soin la situation, et ne se hâte pas de défendre une chose avant d'avoir pris ses informations, comme dans le cas qui a été raconté par Ibn Aboul Zenâ, d'après la tradition de Hischâm ibn Urwat. Voici ce qu'il dit : « Pendant qu'Omar ibn Alkhattab faisait les tournées autour de la Kaaba, un homme fit aussi ses tournées; or entre ses épaules et son chignon il y avait quelque chose comme le soleil (le narrateur désigne par là la beauté et les jolis traits de son visage), et il récita ces vers :

J'ai préparé pour elle un chameau docile,
Qui peut franchir à pas légers les plaines;
Je veillais avec la main à ce qu'elle ne se penchât pas,
Et je prenais garde qu'elle ne tombât et ne glissât.
J'espère recevoir d'elle en récompense une douce faveur.

« Omar lui dit : « Quelle est la personne à qui tu rapportes le mérite de ton pèlerinage? » Il lui répondit : « C'est ma femme; elle est très-stupide, boudeuse[1] et grande mangeuse, de manière qu'il ne lui reste pas une jeune tige de blé. » Omar reprit :

[1] مرغامة.

« Pourquoi ne divorces-tu pas ? » Il répondit : « Elle est si belle, que je ne peux pas la haïr ; elle est la mère de mes enfants, et je ne puis pas la séparer de moi. — Fais donc, dit Omar, ce que tu voudras[1]. »

Si un homme prend publiquement du vin, et qu'il soit musulman, le muhtasib répandra le vin sur la terre et fera des reproches à l'homme ; s'il est un sujet tributaire (zimmi, juif ou chrétien), il lui défendra de boire du vin publiquement. Les jurisconsultes sont partagés d'avis en regard de l'action de répandre le vin sur la terre. L'imam Abou-Hanifa est d'avis qu'il n'est pas besoin de le répandre sur la terre, parce qu'il appartient aux biens compris dans les droits des particuliers ; mais l'avis de l'imam Alschafii est qu'il peut être répandu sur la terre ; car il ne fait point partie des droits d'un musulman ni d'un infidèle. Quant au vin de dattes, ce vin appartient, selon l'avis de l'imam Abou-Hanifa, aux biens reconnus des musulmans, et il n'est pas permis de le répandre sur la terre ni d'en interdire l'usage public. D'après l'avis de l'imam Alschafii pourtant il n'appartient pas plus aux biens que le vin en général, et il n'y a pas de mal à le répandre par terre. L'inspection du muhtasib se réglera d'après les circonstances ; il défendra l'usage public du vin ; mais il ne le fera pas répandre sur la terre, à moins que l'ordre n'en ait été donné par un juge qui fait partie des savants qui peuvent se faire une idée personnelle

[1] Sur les mots فشانك بها, voyez Dozy, *Ibn-Badroun*, p. 93 (Glossaire), et de Sacy, *Chrestomathie arabe*, II, 419.

et exacte, de manière qu'il n'en coûte au muhtasib aucune responsabilité dans le cas où il serait cité à comparaître devant le juge. Si un homme se montre publiquement à l'état d'ivresse, et révèle l'absence de sa raison par des paroles déshonnêtes, le muhtasib lui reproche son état et lui inflige des coups. Mais ce n'est pas une punition légale, à cause de l'absence momentanée de sa conscience. A l'égard de l'usage public les instruments de musique illicites [1], le muhtasib a le droit de les mettre en pièces de manière qu'ils deviennent des morceaux de bois et cessent tout à fait d'être des instruments musicaux. Il ne les fracassera pas si leurs bois sont utiles à d'autres choses qu'aux plaisirs voluptueux. Le jeu en général et les joujoux n'ont pas un rapport direct avec les actes qui conduisent à une désobéissance envers la loi divine; mais dans leur usage on doit conserver la circonspection et la discrétion, vu qu'il peut facilement en résulter un effet illicite, par exemple pour les portraits de femmes mariées et les représentations d'idoles; il y a dans leur permission un point de vue et un autre dans leur défense; leur concession et leur défense dépendront des circonstances. Le Prophète entra une fois chez Aïscha pendant qu'elle jouait avec des filles; il le lui concéda et ne le lui défendit pas. D'un autre côté on raconte qu'Abousaîd-Alistakhri le Schafiite, qui était muhtasib à Bagdad sous le règne du khalife Almuktadir-Billah, supprima le bazar Aldâdi et défendit d'y vendre et acheter, sous

[1] Ou de toute autre genre de babioles.

prétexte que ce bazar ne servait que pour le vin de datte; mais il concéda le commerce dans le bazar des joujoux et ne le défendit pas; il dit qu'Aïscha avait joué avec les filles en présence du Prophète, qui ne le lui défendit pas. Ce qu'il a dit sur le jeu n'est pas loin d'un avis personnel, s'appuyant sur la tradition; mais, à l'égard du bazar Aldâdi, le point capital était qu'il s'y faisait un commerce de vin de dattes, quoiqu'il fût possible qu'on en fît usage pour les médicaments, ce qui ne serait pas la même chose. Or sa vente serait licite et pas à défendre d'après l'avis de ceux qui admettent l'usage des dattes; même d'après l'avis de ceux qui prohibent le vin de dattes, ce vin serait licite, employé pour une autre chose; mais il est illicite eu égard à son usage principal. La suppression du bazar par Abou-Saïd n'avait pas pour objet de défendre absolument la vente du vin de dattes, mais seulement d'empêcher l'exposition publique de ce vin et sa confusion avec les autres choses qui sont permises unanimement par les jurisconsultes; c'était afin que la différence entre ce vin et les autres choses tolérées restât sensible pour le peuple. C'est pour la même raison qu'on a prohibé l'annonce publique du commerce avec les femmes et les servantes esclaves. Les choses illicites qui ne se manifestent pas en public ne doivent pas être espionnées par le muhtasib, de même qu'il ne doit pas déchirer les voiles derrière lesquels on se cache. Le Prophète a dit: « Celui qui fait quelque chose de sale, qu'il le couvre avec le voile de Dieu; car celui qui nous montre sa face recevra pour récompense la punition divine. » En ce qui concerne un acte que son auteur veut tenir secret, il peut se présenter deux cas : 1° on annonce au muhtasib qu'il se prépare un acte dont les suites sont regrettables; par exemple il reçoit l'avertissement, d'une personne digne de foi, qu'un homme est dans un endroit solitaire avec une femme pour commettre avec elle l'adultère, ou qu'il entre chez quelqu'un pour le tuer; dans de tels cas il est permis au muhtasib de se mettre à l'affût, et de chercher à découvrir la situation telle qu'elle est. Cependant il doit prendre garde de violer les rapports de parenté, dont l'intégrité ne pourra plus redevenir possible, s'ils sont une fois rompus. De même, les personnes qui auront connaissance de ce genre de faits pourront prendre part aux investigations. C'est ce qui eut lieu pour Almughaira ben Schaba. On raconte qu'une femme de Basra venait souvent chez lui; elle s'appelait Umm-Dschamil (ou Dschumail); son mari s'appelait Alhajdjâdj ibn Ubaid. Cette nouvelle étant parvenue aux oreilles d'Abou-Bukra ben Masruh et de quelques autres, ils espionnèrent cette femme de manière qu'ils la surprirent quand elle entrait chez Almughaira. L'affaire fut portée devant Omar, et comme les preuves étaient suffisantes, Omar ne leur infligea aucun blâme. En pareil cas, lorsque les preuves sont insuffisantes, la peine est marquée d'avance[1]. La se-

[1] Conf. Mawardi, *Constitutions politiques*, texte arabe, publié par M. le Dr Enger, p. ٣٨٣.

conde espèce est ce qui sort de cette sphère et reste derrière les bornes de la charge de muhtasib ; alors l'espionnage n'est pas permis et il ne doit pas déchirer les voiles pour connaître les situations. On raconte qu'Omar entra chez des hommes qui faisaient état de pressurer du vin et qui allumaient du feu dans des cabarets, et il leur dit : « Je vous ai défendu le pressurage, et vous pressurez; je vous ai défendu d'allumer du feu dans les cabarets, et vous allumez du feu. » Ces hommes répondirent : « Prince des croyants, Dieu t'a défendu l'espionnage; mais tu as fait pourtant l'espionnage; il t'a défendu d'entrer dans une maison sans permission, et tu y es entré. » Omar leur répliqua, « Ces deux choses sont pour les deux autres choses, » et il s'éloigna. Si le muhtasib entend les sons des instruments illicites du côté d'une maison dont les habitants se livrent à des chants, il leur défend de les faire résonner au dehors de la maison; mais il n'entre pas chez eux; car la chose illicite est trop manifeste et il n'a pas besoin de chercher parmi les choses cachées.

VIIe SECTION.

« Par rapport aux divers genres de commerce illicite, comme la fornication et les ventes des choses corrompues et qui se font pourtant d'un accord commun entre les parties contractantes, si le caractère illicite est constaté, le muhtasib a le devoir de les défendre et d'en empêcher l'exécution, en mesurant les moyens d'après le genre des situations et l'importance de la chose illicite; mais s'il s'agit d'une chose sur laquelle les jurisconsultes sont d'avis partagés, il n'a le droit de la défendre que lorsque la différence d'opinion est faible. Tel est le cas de l'usure opérée avec de l'argent comptant. On demande s'il est en droit de la défendre en vertu de sa charge, ou non. Quant à ce qui concerne les transactions, par exemple les contrats de mariage, le muhtasib y met opposition lorsque les savants sont d'accord sur leur caractère illicite; il ne s'y oppose pas, si les jurisconsultes sont partagés d'avis sur elles, et qu'il n'y ait rien en elles qui soit un acheminement vers une chose illicite constatée, comme un mariage pour peu de jours; car une liaison de ce genre devient quelques fois un acheminement à l'adultère. Dans sa défense, il y a deux points de vue, et au lieu de la défense le muhtasib doit provoquer des alliances légitimes. A la branche du commerce illicite appartient aussi la falsification des objets de vente et la tromperie dans l'indication des prix. Le muhtasib a mission de les défendre et d'infliger des châtiments, suivant les circonstances. On raconte que le Prophète a dit : « Celui-là n'est pas des nôtres qui falsifie. » Car lorsque la falsification consiste dans la tromperie exécutée envers l'acheteur, sans qu'il en sache rien, elle fait partie des espèces de tromperies qui sont défendues avec le plus de force et qui doivent être poursuivies avec le plus de sévérité; mais si la condition d'un objet n'est pas inconnue à l'acheteur, la falsification est un délit plus petit et doit être traitée avec plus d'indulgence. En ce cas, l'attention du muhtasib se porte aussi sur l'acheteur; car si celui-ci achète l'objet pour le vendre à un autre, la défense s'applique au vendeur pour sa falsification et à l'acheteur pour sa vente à un autre, vu qu'il le revend à quelqu'un qui n'a pas connaissance de la falsification; mais, s'il l'achète seulement pour son usage, l'acheteur sort de la sphère de la culpabilité et le vendeur seul a à répondre devant le muhtasib. Il en est de même pour les tromperies dans l'indication des prix. Le muhtasib défend de mettre les bêtes à l'écart et d'empêcher de traire une femelle des brebis ou chameaux pour faire augmenter la quantité de lait, de faire affluer le lait en cessant d'en traire pendant quelques jours, afin de faire venir plus de lait à la fois, au moment de la vente; cela est illicite, car c'est une espèce de *tedlis* (tromperie). Au ressort capital de son inspection appartient le devoir de détourner les hommes de remplir trop peu les vaisseaux et d'amoindrir les mesures et les poids ainsi que les *sandjât*[1] (poids de pierre), conformément aux menaces du Dieu très-haut[2].

« Les reproches du muhtasib pour ce délit doivent être donnés et exprimés très-distinctement et publi-

[1] Dérivé du mot persan سنك.

[2] Voyez surate LXXXIII, v. 1 : وَيْلٌ لِلْمُطَفِّفِينَ « Malheur à ceux qui faussent la mesure et le poids. » (Conf. Baidhawi, éd. Fleischer, t. II, p. ٣٩١.)

quement, et les punitions pour cela très-nombreuses; il lui est permis d'aller aux informations des poids et mesures auprès des gens du bazar et du peuple en général; dès qu'il y découvre une marque suspecte, il est obligé de les réduire à leur juste borne, et s'il a pour les poids et mesures qui sont à examiner un timbre qui soit connu de tous les commerçants, c'est la manière la plus sûre. Si quelqu'un fait usage d'un timbre particulier et qu'il y ait diminution dans la quantité, le muhtasib appréciera le délit d'après deux points de vue : 1° le délinquant, en tant qu'il s'éloigne du timbre établi, manque aux droits du sultan; 2° eu égard à l'amoindrissement des mesures et des vaisseaux, il offense la justice et il est coupable aux yeux de la loi. Que si l'objet pour lequel a lieu le trafic est timbré avec une marque étrangère, mais qu'il n'y ait pas de diminution dans la quantité, le coupable a seulement manqué aux droits du sultan. S'il y a des hommes qui altèrent le timbre établi, celui qui l'altère est dans le même cas que celui qui fausse les empreintes des dirhems et dinars, et s'il réunit à l'altération la falsification, il mérite châtiment sous deux rapports : 1° pour avoir manqué aux droits du sultan par le fait de l'altération, et 2° pour avoir violé la loi par le fait de la falsification, et c'est le plus grand délit qui puisse se commettre. Si une ville prend de l'extension, de manière que les habitants aient besoin de mesureurs de froment, de peseurs et d'essayeurs de monnaies, le muhtasib a le droit de les choisir, et il doit veiller à ce qu'il ne s'y introduise que les personnes propres et convenables à ces charges d'entre les officiers approuvés et honnêtes; leurs gages seront payés par le fisc. Si le fisc ne peut pas s'acquitter envers eux, le muhtasib fera la part de chacun, de manière que les uns n'aient pas plus et les autres moins, ce qui pourrait devenir un prétexte pour augmenter ou diminuer la chose mesurée ou pesée. Les émirs s'occupaient ci-devant de les choisir et de les diriger dans ces charges, et ils faisaient inscrire leur nom dans les registres de finance, afin qu'aucune personne non chargée de l'administration de ce poste[1] ne fût mêlée avec eux. Si un officier choisi pour la charge de peser et mesurer est convaincu d'avoir augmenté ou diminé la marchandise, il est puni et privé de son emploi. Il en est de même pour le droit des courtiers (الدّلالون); on doit préférer pour ce métier les hommes reconnus honnêtes et exclure les autres. Le règlement de cette charge appartient au muhtasib depuis que les émirs ont cessé de s'en occuper. Par rapport au choix des distributeurs et des mesureurs d'étoffes à l'aune, les kadis sont plus compétents pour les choisir que les muhtasib; car ceux-là peuvent les employer comme leurs vicaires dans l'estimation du bien des orphelins et des absents. En ce qui concerne les gardes des quartiers et des bazars, cet emploi appartient aux sergents et concierges (جماة واصحاب المعاون) (conf. sur le dernier

[1] Sur le mot وساطة, dont Almawardi fait usage ici, voyez de Sacy, *Chrestomathie arabe*, t. I, p. 126.

mot ce que j'ai dit ci-dessus). Si un déficit dans la mesure donne lieu à une altercation, le muhtasib veillera tant que l'altercation n'amène pas une affirmation et une dénégation mutuelles; autrement les kadis sont plus compétents à régler l'affaire que les muhtasib, vu qu'ils ont qualité pour donner une décision légale. Mais le châtiment dans cette affaire appartient au muhtasib; le hakim peut aussi s'en charger, vu que ses fonctions tiennent de celles de l'un et de l'autre. A la catégorie de ce que le muhtasib défend en général et qu'il ne défend pas aux individus en particulier, appartient la vente mutuelle d'après des poids et mesures qui ne sont pas en usage chez les habitants de la ville et qui n'y sont pas connus, quoiqu'ils puissent être employés dans une autre ville. Dès qu'une convention d'en faire usage a été conclue entre deux personnes, il ne les inquiétera pas pour cela, mais il défendra qu'on en fasse usage en général; car il arriverait qu'on s'en servirait auprès de personnes qui ne les connaissent pas et qu'il y aurait des trompeurs et des trompés.

VIIIe SECTION.

« En ce qui concerne les droits humains et particuliers, il y a ce cas : si un homme excède ses limites et va dans un territoire qui appartient à son voisin, ou passe ses frontières jusqu'à un endroit sacré de sa maison, ou fait avancer des poutres sur sa muraille, le muhtasib n'a pas le droit de le poursuivre tant que ce dernier ne réclame pas son assistance; celui-ci seul a qualité, soit pour fermer les yeux, soit pour commencer les poursuites. Mais du moment qu'il réclame, le muhtasib doit prendre l'affaire en main, afin qu'une altercation n'arrive pas entre les parties et qu'il n'y ait pas injures mutuelles. Il ordonne au délinquant de faire disparaître la cause du débat, et le châtiment qu'il inflige est selon les circonstances; que si une lutte s'engage, le hakim est le plus compétent pour donner une décision légale. Si le plaignant qui a fermé les yeux sur le tort à lui fait et qui n'a pas insisté sur la destruction des travaux exécutés, revient sur ce qu'il a dit, il en a le droit, il peut forcer l'adversaire à démolir ce qui a été construit; mais si le commencement du bâtiment avait déjà eu lieu avec sa permission, et que les poutres fussent placées, le voisin n'est pas obligé à la démolition. Quand les rameaux d'un arbre s'étendent jusque dans la maison du voisin, le voisin a le droit de réclamer l'assistance du muhtasib, afin de forcer le possesseur de l'arbre à ôter les rameaux qui ont commencé à s'étendre jusque dans sa maison; mais un châtiment n'est pas permis, vu que l'extension des rameaux est indépendante de son action. Si quelqu'un met un poêle dans sa maison, et que le voisin soit incommodé par la fumée, celui-ci n'a pas le droit d'inquiéter l'autre pour ce cas, et il ne peut pas l'en empêcher; de même, s'il met quelque part, dans sa maison, un moulin à bras, s'il y emploie des forgerons ou des foulons, il ne peut pas en être empêché; car les hommes ont la disposition libre et complète dans leurs propriétés d'y faire ce qu'ils veulent. Si celui qui prend quelqu'un pour un travail salarié, lui fait tort dans le payement du prix ou demande un surplus de travail, le muhtasib réprime cette injustice et le traite suivant le cas. De même, si l'homme salarié est négligent dans l'accomplissement du travail convenu, s'il travaille trop peu ou s'il dépasse le prix, le muhtasib l'arrête et lui défend cela; mais si un débat s'engage et qu'aucun ne veuille reconnaître à l'autre son droit, l'affaire est du ressort du hakim.

«L'inspection du muhtasib à l'égard des artisans et ouvriers des bazars porte sur trois classes de personnes : 1° ceux qui accomplissent leur travail dans la mesure complète ou d'une manière insuffisante; 2° ceux qui sont à surveiller sous le rapport de l'honnêteté ou de la mauvaise foi, et 3° ceux dont les travaux sont à juger d'après leur bonne ou mauvaise qualité en leur exécution. 1° A ceux dont les travaux sont exécutés complétement ou négligemment appartiennent, par exemple, les médecins et les maîtres d'école : l'occupation d'un médecin est le commerce avec des personnes que la négligence en leurs soins conduit à la mort ou à un état de langueur; pour les pédagogues, ils ont bien des méthodes, par lesquelles ils élèvent les petits enfants, et d'où l'on écarte ceux-ci très-dificilement après leur maturité, de manière que celui-là reste ferme qui a acquis des connaissances abondantes dans les sciences, dont la conduite est belle lorsqu'il a été préservé de toute inclination par laquelle les âmes se corrompent et les mœurs deviennent viles. 2° A ceux que le muhtasib juge dans leur honnêteté ou mauvaise foi, appartiennent les orfévres, les tisserands, les foulons et les teinturiers; car ils disparaissent quelquefois avec le bien d'autrui, avant l'exécution des travaux. Le muhtasib recherchera parmi eux les hommes honnêtes et fidèles et veillera à la prospérité de leur existence, pendant qu'il éloignera ceux dont la mauvaise foi est manifeste; il fera connaître les motifs de sa conduite, afin que chacun soit averti. On a dit que les sergents et concierges avaient un plus grand droit à cette inspection que les muhtasib, et cette opinion est plus probable; car la mauvaise foi est en connexion avec le vol. 3° L'inspection sur ceux dont les travaux sont à juger, selon leur bonne ou mauvaise qualité, appartient spécialement au muhtasib; son devoir, en général, est de leur défendre l'infériorité du travail et sa vilité, quand même aucun réclamant ne se présenterait. S'il s'agit d'un travail spécial, dans lequel l'ouvrier se propose d'employer une matière détériorée et la tromperie, et que l'autre partie réclame l'assistance du muhtasib, celui-ci ira trouver l'ouvrier malhonnête et lui fera des reproches. Si une dette s'y réunit, la catégorie de la dette sera à regarder; mais s'il est besoin d'une taxation d'après le prix et la fixation de la qualité, le muhtasib n'a pas le droit d'intervenir, puisque le cas exige une décision légale et que le kadi est plus compétent; au contraire, s'il n'est pas besoin de la taxation du prix ni de la fixation de la valeur du travail, le muhtasib peut trancher la difficulté, comme dans tous les cas où il n'y a pas une opinion individuelle et une altercation mutuelle; alors le muhtasib a le droit d'intervenir en forçant cet homme à acquitter sa dette et en le punissant de sa conduite; en effet, sa mission est de le disposer à des actions équitables et de le réprimander en cas d'injustice. Le muhtasib n'a pas le droit de fixer le prix des denrées ou d'autres articles, ni dans les temps du bon marché, ni dans la disette même. Néanmoins, l'imam Malek permet de fixer le prix des denrées en cas de disette.

IXe SECTION.

Dans la catégorie des choses à défendre, appartenant ensemble à des droits divins et humains, nous citons une maison qui surplombe sur une maison voisine. Il est nécessaire que celui dont la maison est haute couvre son toit avec une couverture; celle-ci ne doit pas alors dominer l'autre par sa hauteur. Il est défendu aux zimmis de bâtir leurs maisons plus hautes que celles des musulmans; s'ils possèdent des maisons élevées, on les laissera debout; mais il leur est défendu d'y ajouter un étage qui s'élève sur les maisons des musulmans et des autres zimmis. Le devoir du muhtasib est de forcer les zimmis à observer les conditions de la protection qui leur est accordée, comme les marques distinctives et la différence dans la façon des habits et l'omission de la prononciation à haute voix des noms d'Esdras et de Jésus-Christ le Messie[1]. D'un autre côté, il retient tout musulman qui voudrait, sous un prétexte quelconque, molester les zimmis, et il punit ceux qui n'ont pas égard à ses représentations. Si parmi les imâms des mosquées, il y a quelqu'un qui prolonge la prière de manière que les faibles ne puissent pas la suivre et que les fidèles soient dérangés dans leurs affaires, le muhtasib le lui défend, comme le Prophète l'a défendu à Maâd ben Djabal, lorsqu'il prolongeait la prière publique; il lui dit : « Est-ce que tu as de mauvaises intentions, ô Maâd? » S'il persiste à la prolonger, il n'est pas permis de le punir; mais on doit chercher pour lui un vicaire qui la récite dans une teneur plus courte. S'il y a parmi les kadis quelqu'un qui repousse les parties quand elles viennent chez lui, et qui se dispense de juger leur affaire litigieuse, de manière que les jugements se fassent attendre et les parties en éprouvent du dommage, le devoir du muhtasib est de lui rappeler la mission dont il est chargé et de l'engager à faire cesser le différend. Le degré élevé du kadi n'empêche pas le muhtasib de lui reprocher les effets de sa négligence. Ibrâhim ben Badhâ, muhtasib à Bagdad, passant une fois près de la maison d'Abou Omar ben Hammâd, qui était dans

[1] Mahomet prétend, dans le Coran, sourate IX, que les juifs regardent Esdras comme fils de Dieu, et ils en veulent aux chrétiens de ce que ceux-ci adorent Jésus. — Note de M. Reinaud.

ces jours le juge suprême, vit devant sa porte les parties attendre qu'il se disposât à siéger pour faire examen et décision de leur affaire. Le jour était déjà très-avancé et le soleil inclinait au couchant. Il s'arrêta et appelant son chambellan, il lui dit : « Va dire ceci au juge suprême ; les adversaires sont assis devant la porte, le soleil les a déjà atteints et ils sont fatigués d'attendre. Viens siéger pour eux ou envoie leur faire des excuses ; alors, ils partiront et reviendront. »

« Si parmi les maîtres il y a quelqu'un qui exige de ses serviteurs ce qu'ils ne peuvent pas faire, le muhtasib le détourne et sa défense s'appuie sur la réclamation des serviteurs eux-mêmes. Si ceux-ci réclament son assistance, alors il défend à leur maître d'insister et le punit même. S'il y a parmi les possesseurs de bêtes de somme quelqu'un qui exige de ces bêtes un service qu'elles ne peuvent pas faire, le muhtasib le leur défend, et les en détourne, même lorsqu'il ne se présente pas un réclamant de son assistance ; le possesseur prétend-il qu'il ne demande rien au delà de ce que la bête peut faire, le muhtasib a le droit de prendre connaissance de la chose par lui-même. Le devoir du muhtasib est de détourner les maîtres des barques de les charger au delà de ce qu'elles peuvent porter et qui les exposerait à couler bas. Il leur défend de mettre à la voile quand le vent souffle avec violence, et s'ils y embarquent des hommes et des femmes, ils doivent les tenir réciproquement à distance par un rideau

(حايل). Si parmi les gens du bazar il y a quelqu'un qui fasse métier de vendre des femmes, le muhtasib aura soin d'observer sa conduite et son honnêteté; si cet homme remplit les conditions, il lui permettra de faire son commerce; mais s'il y a dans sa conduite quelque chose de suspect, si cet homme se livre à la débauche, il lui défendra son trafic et il le punira au besoin. Ci-devant on a dit que les sergents et les concierges ont un droit plus spécial là-dessus, parce que cela est une des dépendances de l'adultère.

Le muhtasib a l'inspection sur les boutiques des marchés dans lesquelles on s'assied, et il les tolère en général lorsqu'elles ne gênent pas la circulation; mais il défend celles qui sont une gêne pour les passants. Il n'a pas besoin pour cela que quelqu'un réclame son assistance; cependant Abou Hanîfa exige la réclamation de son assistance. Si quelqu'un bâtit une maison sur une route très-fréquentée, le muhtasib l'en détourne, même si la route est assez large, et il l'oblige de démolir ce qui a été construit, même si le bâtiment était une mosquée; car la destination d'une route est pour la circulation et non pas pour qu'on y construise. Si quelqu'un dépose des aliments ou des ustensiles dans les passages et à l'entrée des bazars avec l'intention de les placer ailleurs, cela lui est permis, s'il n'y a pas d'inconvénient pour les passants; mais on doit s'abstenir du moment que les passants en reçoivent de l'incommodité. De même s'il s'agit de faire sortir en avant les lucarnes, les passages entre deux maisons, et les canaux des eaux et des puits des jardins, le muhtasib laissera faire, dès qu'il n'en résultera pas un dommage pour autrui, et il le défendra s'il en résulte un dommage. A cet égard, le muhtasib se réglera d'après ce qui nuit et ce qui ne nuit pas, vu qu'il s'agit ici de choses qui n'ont pas pu être prévues par la loi et qui ne doivent être décidées que d'après la raison et d'après les usages du pays. Le muhtasib doit défendre le transport des morts hors de leurs tombeaux, soit qu'ils soient enterrés dans une propriété particulière ou sur un terrain public; il n'y a d'exception que pour le cas où il s'agirait d'un terrain volé, de manière que le possesseur aurait le droit d'enlever les corps qui y sont enterrés pour les transporter ailleurs; mais on est partagé d'avis au sujet d'une terre sur laquelle un torrent s'est détourné ou qui est devenu humide par la pluie. Zubairi permet le déplacement pendant que d'autres le déclarent illicite. Le muhtasib défend de châtrer les hommes et les bêtes et châtie ceux qui le font; s'il juge convenable d'infliger une amende ou un prix de sang, il en fait profiter celui qui y a droit; mais il faut qu'il n'y ait pas désaveu ni dispute mutuelle. Il défend de teindre en noir les cheveux blancs, excepté dans le cas d'efforts dans la voie de Dieu pour la guerre sainte (المجاهدة فى سبيل اللّٰه). Ainsi il fait des reproches à celui qui se teint les cheveux pour plaire aux femmes; mais il n'empêche pas de se teindre avec le henna (*Lawsonia inermis*) et les feuilles de la plante nommée *alkatam* (*Buxus dioica*, Forskal; cf. Ibn Baitar, éd. de M. Sontheimer, t. II, p. 348); il défend de faire métier de l'art de deviner et de jouer, et il punit celui qui prend et celui qui donne pour cela.

« Cette matière donnerait lieu à de longs développements, si elle était complétement traitée; car le nombre des choses illicites n'est pas restreint de manière qu'on puisse l'épuiser aisément; les exemples que nous avons cités suffisent pour donner une idée de ce que nous avons omis. La charge du muhtasib appartient aux bases des affaires religieuses, et des imams du premier degré en ont rempli eux-mêmes les fonctions, à cause de son organisation avantageuse pour le salut des hommes et de l'abondance de la récompense divine; mais comme le souverain n'a pas cru devoir se la réserver et qu'il la confie aux hommes qu'il a sous la main; comme elle est devenue un moyen de gagner sa vie, et de se faire donner des gratifications, son caractère s'est abaissé et sa dignité a diminué aux yeux des masses. »

Mawerdi dit, à la fin de son livre, que, si ce livre recevait des augmentations, il contiendrait la mention de ce que les jurisconsultes ont oublié ou négligemment traité.

DEUXIÈME PARTIE.

NOTICE PARTICULIÈRE SUR LA CHARGE DE MUHTASIB, PAR LE SCHEIKH ANNABRAWI.

Je me félicite de pouvoir remplir la lacune indiquée par Almawerdi, à l'aide de l'ouvrage du scheïkh Takijjeddin Abdarrahmân ibn Nasr ibn Abdallah Annabrawi, intitulé نهاية الرتبة في طلب الحسبة (l'extrémité de l'autorité publique dans la demande de la charge de la hisba). Malheureusement je n'ai pas réussi jusqu'à présent à trouver quelques renseignements sur la vie de l'auteur, sur le lieu de sa naissance et sur sa position spéciale; mais nous pouvons supposer que ce scheïkh, qui appartenait aux docteurs du rite schaféite, avait été revêtu, à une époque quelconque de sa vie, de la charge de la hisba. Plus tard, lorsqu'on eut de la confiance dans son expérience, on s'adressa à lui afin qu'il composât un résumé sur les fonctions de muhtasib en général; c'est ce qu'il raconte lui-même dans la préface de son livre. Il dit : « Quelqu'un qui avait été trouvé digne de la charge de la hisba, et qui était chargé de l'inspection des affaires des sujets et de la situation cachée du bas peuple, me pria de rédiger pour lui un résumé propre à servir de guide dans les opérations d'un juge de police (muhtasib), d'après la forme légale, afin qu'il fût un appui solide pour son administration et une bonne base pour son autorité. Je lui accordai sa demande et lui élaborai un résumé concis, non pas un mémoire détaillé, et j'y ajoutai les arrêts divins, les paroles du Prophète conservées par la tradition (الاخبار), et l'accompagnai du récit des actions et des paroles du Prophète transmises à la postérité par la tradition (اثار). J'y insérai l'avertissement de la fraude qui se commet dans le commerce et de la tromperie des artisans et des ouvriers, et j'y fis connaître leurs secrets cachés, espérant dans tout cela la récompense du Dieu bienfaisant au jour du jugement dernier. Je me bornai à la mention des métiers connus, négligeant les autres selon la mesure de la nécessité. Mon livre a été divisé en *quarante* chapitres, afin que le muhtasib puisse procéder d'après leurs dispositions et agir d'après leurs modèles, et je l'intitulai : *Nihâyatarrutbati fi thalabilhisbati* (l'extrémité de l'autorité publique dans la demande de la charge de la hisba). Il n'y a de protection pour moi qu'en Dieu; en lui je mets ma confiance, et c'est à lui que je m'adresse dans ma pénitence ! »

TITRE DES QUARANTE CHAPITRES DE CE RÉSUMÉ.

1. Offices qui sont nécessaires et obligatoires pour le muhtasib.
2. Détails de l'inspection des marchés et des rues.
3. Détails de la connaissance des quintaux, des rotls, des miskals, des dirhems, etc.
4. Détails de la connaissance des poids (موازن), des me-

sures (مكاييل) et de l'ajustement des rotls (عيار الارطال).

5. Détails sur l'inspection des marchands de farine et de grains.
6. Détails sur l'inspection des boulangers.
7. Détails sur l'inspection des possesseurs des fours.
8. Détails sur l'inspection des (faiseurs) d'omelette (زلابية).
9. Bouchers, 1° qui égorgent les bêtes, et 2° ceux qui les dépècent et vendent la viande.
10. Inspection des rôtisseurs.
11. Inspection des bouchers qui vendent les têtes des bestiaux égorgés (الرّواسون).
12. Inspection de ceux qui font frire le poisson (ital. *frittolaji*).
13. Inspection des gargotiers.
14. Inspection des faiseurs de la bouillie (هريسه).
15. Inspection de ceux qui font frire les boyaux d'agneau (النقانقيّون), les faiseurs de saucisses.
16. Inspection des pâtissiers, confiseurs, faiseurs de halwa.
17. Inspection des apothicaires.
18. Inspection des épiciers.
19. Inspection des marchands de rafraîchissements, de sirops, etc.
20. Inspection des marchands de beurre (d'huile, de graisse).
21. Inspection des marchands d'étoffes (par exemple, des habits).
22. Inspection des courtiers et crieurs dans les ventes publiques.
23. Inspection des tisserands.
24. Inspection des tailleurs.
25. Inspection des marchands d'étoffes de coton (cardeurs de coton).
26. Inspection des marchands de tissus de lin.

27. Inspection des marchands de soie ou d'étoffes de soie.
28. Inspection des teinturiers.
29. Inspection des cordonniers.
30. Inspection des changeurs de monnaies.
31. Inspection des orfèvres.
32. Inspection des chaudronniers et des forgerons (maréchaux).
33. Inspection des artistes vétérinaires.
34. Inspection des vendeurs d'esclaves et de bêtes de somme.
35. Inspection des bains et leurs intendants.
36. Inspection de ceux qui saignent ou qui scarifient la peau.
37. Inspection des médecins.
38. Inspection des instructeurs des petits enfants.
39. Inspection des zimmis (juifs et chrétiens).
40. Inspections d'autres choses qui regardent les fonctions de la hisba en général et en particulier.

M. de Hammer Purgstall a donné, dans les Annales littéraires de Vienne (*Wiener Jahrbücher der Literatur*), année 1838, t. LXXXIV, p. 145-156, une notice détaillée sur cet ouvrage; mais cette notice était insuffisante pour en faire connaître toute l'importance relativement à l'histoire de la culture et de la civilisation chez les nations musulmanes. Nous allons donner l'analyse de ces quarante chapitres. Le chapitre premier regarde les devoirs nécessaires et obligatoires pour celui qui est chargé des fonctions de muhtasib. Puisque la charge du muhtasib consiste dans le commandement du bien et la défense du mal, et que le devoir du muthasib est de maintenir le bon ordre entre les hommes, il est nécessaire qu'il soit un jurisconsulte connaissant les préceptes de la loi, afin qu'il sache ce qu'elle ordonne et ce qu'elle défend; car la bonne action est celle que la loi approuve et la mauvaise action est celle que la loi déclare mauvaise; la connaissance de ce qui est bon ou mauvais ne s'introduit dans l'esprit qu'à l'aide du Livre de Dieu très-haut et de la sonna de son prophète Muhammed. En effet, il arrive très-souvent qu'un homme ignorant approuve une chose que la loi déclare mauvaise, et que, dans son ignorance, il exécute une action illicite. Il est donc du devoir de chaque musulman d'étudier la science du droit comme le Prophète l'a dit et commandé.

CHAPITRE PREMIER.

OFFICES DU MUHTASIB.

PREMIÈRE SECTION.

La première chose qui est nécessaire au muhtasib est qu'il remplisse ses fonctions selon son savoir, et que ses paroles ne soient pas opposées à ses actions. Dieu a dit dans des reproches adressés aux savants des Israélites[1] : « Commanderez-vous de bonnes actions aux autres hommes pendant que vous vous oublierez vous-mêmes? » Anas, fils de Malik, rapporte cette tradition de la part du Prophète : « La nuit

[1] Sur. II, v. 41.

dans laquelle je fis mon ascension au ciel, je vis des hommes dont les lèvres étaient coupées avec des ciseaux; je demandai à Gabriel : « Quels sont ces per-« sonnages ? » Gabriel répondit : « Ceux-là sont les « prédicateurs de ta nation, qui commandent le bien « aux hommes, et s'oublient eux-mêmes. » Le Dieu très-haut fait ainsi parler *Schuaib*[1], qui défendait à son peuple l'amoindrissement des poids et la diminution des boisseaux : « Je ne veux pas faire moi-même ce que je vous ai défendu; je ne veux que vous corriger autant que je le puis. » La situation ne doit pas être comme le poëte Abou Humâm Aschâdili la décrit dans ces vers :

S'ils se taisent pour écouter, ils parlent et se plaisent à dire des mots agréables;
Mais leurs actions sont contraires aux mots agréables.
Ils censurent le monde pendant qu'ils en tirent la crème
En des mesures pleines, de manière que le possesseur n'en peut plus traire du tout!

Un autre poëte a dit :

Ne nous défends pas le mal, pendant que tu le fais;
Si tu le fais, la honte sera un fardeau grand et pénible pour toi!

IIe SECTION.

Il est nécessaire, pour le muhtasib, qu'il cherche dans ses paroles et ses actions l'approbation du Dieu

[2] Sur. II, v. 90. *Baidhawi*, éd. Fleischer, I, ۳۲۲.

excellent, et qu'il tâche de se rendre digne de sa grâce par une intention pure. Il doit s'abstenir dans son administration de porter envie aux hommes, de les traiter sévèrement et de se vanter devant les gens de sa classe, afin que Dieu excellent répande sur lui le manteau de sa grâce et le drapeau de sa protection, qu'il jette pour lui dans les cœurs l'horreur et le respect, en sorte qu'ils s'empressent d'accepter ses paroles dans leurs oreilles et de les suivre avec promptitude et obéissance. Le Prophète a dit : « Celui qui accomplit les arrêts de Dieu et de cette manière le contente, en dépit des hommes, est protégé par lui contre leurs actions méchantes; mais celui qui contente les hommes au mépris de Dieu, celui-là est laissé à la merci de leurs intentions et de leurs projets. Celui qui fait du bien dans ses relations avec Dieu, fait du bien dans ses relations avec les hommes; s'il fait du bien en secret et qu'il pense en secret honnêtement, Dieu donne un bon ordre et un bon rang à sa position; celui qui accomplit des actions pour la vie future, Dieu le satisfait dans ses affaires de ce monde. » On raconte que Toghtekin, un des émirs Atabeks gouvernants de la Syrie [1], lorsqu'il était le sultan de Damas, demanda quelqu'un pour être muhtasib de la ville. Un homme de loi lui ayant été désigné, il ordonna qu'on le conduisît de-

[1] Toghtekin, qui régnait à Damas au moment de la première croisade, n'était pas Atabek, mais un prince de la famille des sulthans seldjoukides. (Voy. mes Extraits des historiens arabes des croisades, au commencement.) — Note de M. Reinaud.

vant lui, et il lui dit en l'apercevant : « Je te charge maintenant de l'office de la hisba pour le peuple, afin que tu ordonnes de faire le bien et que tu défendes le mal ! » Cet homme lui répondit : « Si tel est mon office, lève-toi tout de suite de ce matelas mince et magnifique (طراحة, cf. Berggren, *Guide français-arabe*, p. 554), et ôte de dessous tes pieds ce coussin, car ces deux objets sont de soie; de plus, tire de ton doigt cet anneau à cachet, car il est d'or. » En effet, le Prophète nous a laissé cette tradition : « L'or et la soie sont défendus aux hommes qui forment ma congrégation; mais ils sont licites aux femmes[1]. » A ces mots, le sultan se leva de son matelas et ordonna d'ôter de dessous ses pieds le coussin; en même temps il tira l'anneau de son doigt, puis il lui dit : « Je désire que tu réunisses à cette charge l'inspection des affaires de la Schorta (de la police de sûreté), et celles du pouvoir exécutif. » Aussi les hommes ne virent pas un muhtasib qui leur inspirât plus de crainte que celui-là.

IIIe SECTION.

Il convient que le muhtasib observe sévèrement les mœurs et les coutumes traditionnelles du Prophète : tels sont la coupe de la moustache, l'enlèvement des poils de l'aisselle, l'action de se raser les poils des joues, de se rogner les ongles; la tournure

[1] Voy. les *Monuments arabes, persans et turks du cabinet de M. le duc de Blacas*, par M. Reinaud, t. I, p. 31.

nette des habits et leur façon courte; le soin de se parfumer le corps par le musc et autres odeurs, et la conformité stricte à toutes les paroles traditionnelles prescrites ou recommandées par la loi, avec l'accomplissement des devoirs canoniques et les obligations indispensables; tout cela augmente le respect pour sa dignité et écarte les attaques contre sa religiosité. On a raconté qu'un homme qui demandait la charge de la hisba dans la ville de Ghazna fut conduit devant le sultan Mahmoud. Lorsque le sultan l'aperçut, il vit que sa moustache couvrait sa bouche dans toute sa longueur, et que les queues de sa robe se traînaient par terre; il lui dit : « O schaikh, retire-toi et remplis toi-même, le premier, par la régularité de ta mise, les devoirs que la Sonna impose à quiconque veut être muhtasib ! »

IVᵉ SECTION.

La conduite du muhtasib doit consister dans la douceur, l'agréable discours, la physionomie ouverte, et dans la tournure facile dans les ordres et les défenses; car tout cela contribue le plus à gagner les cœurs. Dieu, le glorieux et omnipotent, a dit à son Prophète[1] : « Tu leur as dépeint le haut degré de la miséricorde de Dieu, et tu les as traités avec douceur; si tu avais été sévère et dur, ils se seraient séparés de toi. » Cet ordre doit être recommandé au

[1] Sur. III, v. 153. Le sens le plus simple de ces mots est celui-ci: *Par la miséricorde de Dieu tu étais doux*, etc.

muhtasib, vu qu'une manière grossière de défendre une chose excite très-souvent à la désobéissance, et que la violence de l'exhortation offense vivement les oreilles. On a raconté qu'un homme entra chez le khalife Mamoûn et lui ordonna le bien et lui défendit le mal; cet homme était grossier dans ses paroles. Mamoûn lui dit : « Le Dieu le très-haut a déclaré que celui qui a un agréable et doux discours est meilleur que celui qui est pire que moi. Dieu le très-haut a dit à Moïse et à Aharon : « Parlez-lui un « langage doux; peut être réfléchira-t-il ou craindra-« t-il (sur. xx, v. 46). » Là-dessus le khalife tourna le dos à cet homme, et tout cela parce que l'homme parvient par la douceur à ce qu'il n'obtient pas par la grossièreté et la sollicitation violente; c'est ainsi que le Prophète a dit : « Dieu est doux et il aime la douceur en général, et il accorde à la douceur ce qu'il n'accorde pas à la violence. » Le muhtasib doit être discret et lent dans ses résolutions, de manière qu'il ne s'empresse pas d'infliger des peines et qu'il ne gronde personne pour la première méprise qu'il a commise, et qu'il ne châtie pas à cause d'une erreur qu'il fait pour la première fois; car l'innocence chez les hommes est une chose qui manque, et qui ne se trouve pas dans le cercle en dehors des prophètes. S'il rencontre quelqu'un qui diminue les boisseaux et amoindrisse les poids ou falsifie la marchandise d'une manière quelconque, il l'exhorte pour la première fois et le menace du châtiment. Si celui-ci recommence son action, il lui inflige ce châtiment à proportion de ce qu'il mérite et selon la grandeur du délit; mais il ne va pas dans son châtiment jusqu'à l'extrémité des peines criminelles. Il fait usage d'un fouet et d'un nerf de bœuf, et se fait accompagner par ses servants et satellites; car cela inspire la plus grande horreur à toutes les classes du peuple et augmente la crainte des hommes. Il vient toujours dans les marchés et les rues dans des moments où l'on ne s'en avise pas, et il fait usage des espions, qui le tiennent au courant de tout.

Ve SECTION.

Aux conditions obligatoires que le muhtasib a à remplir, appartient encore le devoir qu'il s'abstienne des biens des hommes et qu'il refuse d'accepter un cadeau de ceux qui gagnent leur vie par le travail de leurs mains; c'est la faute à l'occasion de laquelle le Prophète a dit : « Que Dieu maudisse celui qui cherche à gagner le juge, et le juge qui se laisse gagner par un cadeau! » l'abstention de cela conserve le mieux son honneur et établit le plus constamment le respect des hommes envers lui. Ses esclaves et satellites sont obligés aux mêmes conditions, et lui-même doit avoir le plus grand soin que le soupçon reste éloigné de ses servants et satellites. S'il apprend qu'un seul d'entre eux accepte un cadeau ou reçoive un présent, il doit l'éloigner de sa suite, afin de prévenir tout mauvais bruit. »

CHAPITRE II.

SUR L'INSPECTION DES MARCHÉS ET DES RUES.

Il convient que les marchés soient placés dans un endroit élevé et large, comme ils l'étaient chez les Grecs[1] et les Romains dans les anciens temps, et qu'il y ait aux deux côtés du marché deux trottoirs (قريران [2]), sur lesquels les hommes passent au temps de l'hiver, si le marché n'est pas tout à fait pavé. Il n'est permis à aucun des commerçants de faire sortir l'estrade[3] hors de sa boutique au delà du zénith des cimes parallèles des pilastres des toits, de manière à gêner les passants; le muhtasib a le devoir de l'en détourner, parce que cela pourrait causer du dommage aux hommes. Il doit faire établir pour chacun des commerçants un bazar, dans lequel celui-ci vend ses marchandises spéciales et dans lequel les articles sont distingués de ceux d'un autre négociant; car cela est plus commode pour ceux qui veulent acheter quelque chose de ces négociants et aussi plus avantageux pour leur métier.

[1] Becker, *Chariclès*, I, 251.

[2] Pauly, *Encyclopédie*, VI, 1, p. 497, 510, 517 et suiv.

[3] مصطبة Cf. le *Journal de la Société orientale de l'Allemagne*, t. XI, p. 501, dans la description intéressante du bazar de Damas, par M. le consul Dr Wetzstein, qui nous avertit que l'estrade a au moins trois quarts d'une aune en hauteur, six quarts à peu près en largeur et plus de deux aunes en longueur. (Cf. ci-dessous, au chap. XVIII, sect. 6, l'extrait de l'ouvrage de Dschaubari.)

Si le métier de quelqu'un a besoin du feu, comme le métier du boulanger, du gargotier, ou du forgeron, le muhtasib doit éloigner leurs boutiques de celles des parfumeurs, épiciers, et des marchands d'étoffes, afin qu'un contact ne puisse pas avoir lieu entre eux et produire des dommages.

PR IMIRE SECTION.

L'emploi d'un homme pour chaque métier est permis au muhtasib; je dis d'un homme qui soit connu des personnes de son métier en qualité d'homme sévère et honnête, qui maintienne le bon ordre parmi ses collègues, connaisse leur métier et découvre leurs falsifications et leurs tromperies, afin qu'il puisse faire l'inspection de leurs conditions et de leurs affaires; c'est de cet homme que le muhtasib prend ses informations sur les articles et les marchandises qui sont portés aux marchés, sur les prix qui sont fixés par eux, et sur les autres choses que le muhtasib doit savoir. On rapporte que le Prophète a dit : « Choisissez pour l'inspecteur de chaque métier un homme honnête et pieux de cette classe! »

IIe SECTION.

Il n'est pas permis au muhtasib de fixer le prix des marchandises, ni de forcer les marchands à les vendre à un prix déterminé. Au temps du Prophète, il y eut une disette et on lui dit : « Fixe les prix! »

Le Prophète répondit : « Dieu est celui qui donne et qui ôte ; c'est lui qui fixe les prix ; je prierai que Dieu éloigne la disette, et personne de vous ne me chargera du reproche d'une injustice envers sa vie et ses biens. » Si le muhtasib voit quelqu'un qui accapare une denrée quelconque, qui l'a achetée à bon marché et la réserve jusqu'au temps d'une disette, afin que son prix s'augmente, il le force de la vendre ; car l'accaparement des aliments est défendu, et la défense d'un fait illicite est un devoir imposé au muhtasib. Le Prophète a dit : « Celui qui porte des aliments au marché est heureux (مرزوق) ; mais celui qui les accapare est maudit (malheureux). » Il n'est pas permis de retenir sur le chemin une caravane qui se rend dans une ville, pour s'informer des marchandises qu'elle porte et qui n'ont pas encore trouvé des acheteurs, afin de les acheter à un meilleur marché ; le Prophète a aussi défendu de retenir les chameliers et de vendre leurs marchandises avant qu'elles aient été exposées sur le marché. Si le muhtasib trouve quelqu'un qui ait l'intention de manquer à cette défense et de faire comme nous l'avons décrit ci-devant, il doit l'en empêcher après l'avoir réprimandé. Il lui convient d'empêcher que des fardeaux de bois à brûler ou des ballots de paille, des outres remplies d'eau, etc. entrent dans les marchés, parce qu'ils causent du dommage aux habits des passants. Il ordonne à ceux qui mènent les charges de bois à brûler, les ballots de paille, etc. de les décharger du dos des bêtes quand ils s'arrêtent avec elles dans les cours des maisons; car lorsqu'elles restent debout, pendant que les fardeaux sont encore sur elles, cela leur fait du dommage et est pour elles une fatigue; or le Prophète a défendu la tracasserie des bêtes qui ne procure pas de profit; de plus il a ordonné aux commerçants et aux gens du peuple de nettoyer les bazars avec des balais, et d'enlever toutes les souillures qui nuisent aux hommes; car il a dit : « Que rien n'y soit une cause de dommage ni de tort! »

IIIe SECTION.

Quant aux routes et aux rues des quartiers, il n'est permis à personne de bâtir en dehors des limites, ni de rien faire qui occasionne un tort ou de la gêne aux passants, par exemple, dans le temps de l'hiver, les égouts, qui sortent des murailles, et les canaux pour les saletés qui proviennent des maisons; le muhtasib ordonne aux propriétaires des canaux d'établir un conduit dans la muraille, couvert de chaux, dans lequel l'eau du toit s'écoule, et il veille à ce que ceux qui se trouvent dans la maison fassent mener la saleté au chemin; car son obstruction devient une source de dangers pendant l'été. Il n'est pas permis de regarder dans les maisons des voisins de dessus les toits et par les fissures, ni aux hommes de s'asseoir sans nécessité devant les portes de leurs maisons sur le passage des femmes, ni aux femmes de s'asseoir devant les portes de leurs maisons sur le passage des hommes; si quelqu'un fait cela, le muhtasib lui fait des reproches.

CHAPITRE III.

SUR LA CONNAISSANCE DES QUINTAUX, DES ROTLS, DES MISKALS ET DES DIRHEMS.

Comme ces choses sont les bases du commerce et que les ventes s'appuient sur elles, le muhtasib doit les connaître et savoir très-exactement leur quantité et qualité, afin de prévenir tout commerce illicite; quant à leur empreinte spéciale, chaque pays et chaque ville a pour le commerce des rotls conventionnels qui se distinguent en plus ou en moins. Les habitants de la Syrie surtout ont des rotls spéciaux, et je mentionnerai ce que le muhtasib pourrait ne pas en savoir, afin qu'il connaisse la différence des prix : 1° le *kintâr,* que Dieu mentionne dans son Livre précieux[1]. Maâḍ ben Dschabal dit qu'il est de mille et deux cents *oukias*, et suivant Abousaîd Alhaarî, c'est une quantité d'or qu'une outre de bœuf peut renfermer[2]. Le kintar conventionnel et ordinaire renferme 100 rotls, et le rotl 684 drachmes et 12 oukias, et l'oukia contient 57 drachmes. C'est le rotl de Schirâz[3], que les

[1] Sur. III, v. 68. (Cf. *Baidhawi*, éd. Fleischer, t. I, p. 161.)

[2] Cf. *Baidhawi*, à la sur. III, v. 12. (T. I, p. 147.)

[3] Au lieu de *Schiraz* il faut probablement lire *Schaizar*, ville située sur l'Oronte. (Note de M. Reinaud.)

Banou Munkid ont établi; le rotl de Haleb ou Alep renferme 756 drachmes, et son oukia 63 drachmes; le rotl de Damas renferme 600 drachmes, et son oukia 50 drachmes; le rotl de Hims renferme 794 drachmes, et son oukia 67 drachmes et 1 grain $\frac{2}{3}$; le rotl de Hamâh 660 drachmes, et l'oukia 55 drachmes. Le mann renferme 260 drachmes, et le rotl de Bagdâd renferme la moitié d'un mann; le rotl d'Almaarra est le même, et le rotl d'Égypte et du Caire renferme 144 drachmes, et son oukia 12 drachmes.

PREMIÈRE SECTION.

Sur les miskals. — Le miskal est = à 1 dirhem et $2\frac{1}{2}$ daniks = $(\frac{2}{6} + \frac{1}{12}$ dirhem$)$ = $\frac{5}{12}$ dirhem = 24 kirat = 85 grains. Le dirhem de la Syrie a 60 grains; mais on est partagé d'avis sur le poids d'un miskal chez les habitants de la Syrie; le miskal de Schirâz [1] surpasse en poids celui de Haleb d'un $\frac{1}{2}$ kirat; le miskal de Hamâh est le même que celui de Schirâz, et le miskal d'Almaarra est le même que celui de Damas.

IIe SECTION.

Les mesures pour le froment. — Les kafîz [2], ou vases

[1] Au lieu de *Schiraz*, ici et ci-dessous, lisez *Schaizar* et *Schaizari*. (Note de M. Reinaud.)

[2] Cf. *Caficium* dans le *Glossaire* de du Cange (*Glossarium mediæ et infimæ latinitatis*, t. II, p. 17), et *cafisa*, et *caphisus*, et *caphitius*, p. 134, où l'on peut voir que ce mot est entré dans la latinité du moyen âge par le commerce avec les Arabes d'Espagne et de Sicile.

dans lesquels on mesure les diverses espèces de froment, sont aussi différentes. Le kafîz de la ville de Schiraz renferme 16 sünbül, et c'est le minot conventionnel et connu sous le nom de *schirazi*, renfermant 7 $\frac{1}{2}$ rotls. Le kafîz de Hamâh est plus petit que celui de Schirâz; il ne renferme que 2 Sünbül. Le kafîz de Hims est le même que celui de Hamâh; le *makouk* de Haleb surpasse le kafîz de Schiraz de 3 sünbül; celui d'Almaarra est le même, à savoir 4 mesruban, et chaque mesruban renferme 4 kil de la mesure de Haleb. Le sac de paille (غرارة), à Damas, renferme 3 makouk de la mesure de Haleb. Du reste, ce que je viens d'exposer n'est pas resté de même dans tous les temps; chaque peuple a adopté une mesure dans le temps d'un sultan, et les mesures se sont altérées avec le changement de son sultan.

CHAPITRE IV.

SUR LA CONNAISSANCE DES BALANCES, DES MESURES DE LONGUEUR, DES COINS DES ROTLS ET DES UNITÉS QUI SERVENT À PESER.

On a dit que la balance la plus sûre est celle dont les côtés restent égaux, et dont les deux plateaux sont en juste équilibre. Il convient que la balance soit rétablie en équilibre fixe si la pesée se fait vite, et que la marchandise soit placée sur la balance avec lenteur, sans élever la main au moment de son placement sur la balance, et sans que la marchandise dans le plateau soit lancée par la main en aucune manière, et sans que le bord du plateau soit heurté par le pouce; car tout cela amènerait l'état défectueux de la chose pesée. A l'amoindrissement caché dans la balance d'or appartient cette manœuvre; le peseur hausse avec la main la marchandise vis-à-vis de son visage, de manière qu'il puisse souffler sur elle d'un souffle léger, et le plateau, avec ce qu'il contient, se penche par ce mouvement; cela se fait quand l'œil de l'acheteur est fixé sur la balance et non sur la bouche du peseur. On emploie aussi dans le retardement du fléau de la balance plusieurs artifices, par lesquels on produit l'amoindrissement; à ces artifices appartient celui-ci : on applique sur le fond d'un des deux plateaux un morceau de cire; alors on place le poids sur la cire, et l'argent sur l'autre plateau, et puis on prend pour le dirhem un grain ou deux grains; le muhtasib doit avoir en tout temps l'œil sur ces manéges. La balance grecque est plus sûre que la balance copte.

PREMIÈRE SECTION.

Il convient de prendre des rotls et des oukias de fer, et de les fixer d'après le poids qui est en usage. On ne doit pas les prendre de pierre; car si l'un est frotté contre l'autre, il perd un peu de son poids; si la nécessité exige de les prendre en pierre parce qu'on n'en trouve pas en fer, le muhtasib commandera de les aiguiser, puis il les timbrera après leur fixation et ajustement, et renouvellera son inspection sur eux après chaque occasion de la pesée, afin qu'on ne leur substitue pas des poids en bois. Deux espèces de rotls, d'oukias ou de tout autre poids ne doivent pas se trouver chez un marchand de vin; car elles exciteraient les soupçons contre lui; de plus, il ne doit pas faire usage d'un tiers de rotl, ni d'un tiers de l'oukia, ni d'un tiers d'une drachme, à cause de leur approximation à la moitié; car souvent le tiers est semblable à la moitié quand on pèse pour la multitude des chalands[1]. Or le muhtasib doit contrôler l'aloi des poids et des grains, vu l'imprudence des propriétaires; car il y a des personnes qui prennent des grains d'orge et de froment et les atténuent par quelqu'une des huiles connues; puis ils y cachent des têtes d'aiguilles, et les sèchent dans l'ombre; elles reprennent la forme antérieure et rien ne s'y manifeste de cette manœuvre.

IIe SECTION.

La mesure du minot (مكيال) la plus sûre est celle dont la partie la plus supérieure et la partie la plus inférieure sont égales dans l'ouverture et dans la largeur, de manière que la mesure ne soit pas raccourcie ni contrefaite, penchée d'un côté plus que de l'autre, et qu'aucune de ces parties ne soit dans l'intérieur ni l'autre en dehors. S'il y a sur la partie la

[1] Voy. de Sacy, *Chrestomathie arabe*, t. III, p. 186-190, sur le mot زبون.

plus supérieure un collier de fer, elle est mieux conservée et gardée; il convient que ce collier soit raffermi par des clous, afin qu'il ne puisse pas s'élever pour l'augmenter, ni descendre pour l'amoindrir. Qu'il y ait dans chaque cabaret trois mesures (mikjal) en guise de minots, c'est-à-dire : 1° le *mikjal complet;* 2° 1 $\frac{1}{2}$ *mikjal* et 3° 1 $\frac{1}{8}$ mikjal; la nécessité exige cela, et il convient que le muhtasib exerce une surveillance assidue sur les *mikjals*, et qu'il s'assure qu'il n'y a pas amoindrissement dans les vases à mesurer; car il y a des personnes qui placent dans la partie la plus inférieure du plâtre préparé qu'elles appliquent de manière que la chose ne peut pas être découverte, et d'autres qui collent sur les côtés des levures d'huile, d'autres qui prennent du lait de figue, le trempent et le mêlent avec de l'huile d'olive jusqu'à ce qu'elles se soient consolidées en guise d'un emplâtre; alors elles l'appliquent dans l'intérieur du *mikjal*, etc. Ce sont des artifices par lesquels on ôte à la mesure, et on rend la surveillance inefficace.

CHAPITRE V.

INSPECTION DES MARCHANDS DE FARINE ET DE GRAINS, AINSI QUE DES MEUNIERS.

L'accaparement des aliments et des céréales est défendu aux musulmans, conformément à l'autorité que nous avons citée ci-devant; ils ne doivent pas mêler la qualité inférieure du froment avec la bonne qualité, ni le vieux avec le récent; car ce serait une tromperie commise envers les hommes. Si la nécessité exige qu'on lave des céréales, elles seront séchées avec le plus grand soin, puis elles seront moulues en farine séparément, et de même envoyées à la vente.

Les marchands de farine doivent laver et cribler les céréales, afin qu'elles ne soient plus souillées de terre, les nettoyer de l'ivraie et les purifier de la poussière avant qu'ils en fassent de la farine. Ils doivent verser un peu d'eau sur le froment avant son entrée dans le moulin; car cela augmente la blancheur de la farine, et lui donne une qualité supérieure.

Le muhtasib a le devoir d'examiner cette farine; car on y mêle souvent la farine d'orge criblée ou celle de fèves ou celle de pois chiches, etc. ou bien ce avec quoi la poussière du moulin à blé s'est mêlée. Qu'il impose aux marchands pour leur tâche journalière de faire des portions, qu'ils remettront chaque jour aux boulangers.

CHAPITRE VI.

INSPECTION DES BOULANGERS.

Il convient que les tablettes de leurs boutiques soient dressées et leurs portes ouvertes, et que des ouvertures larges soient pratiquées dans leurs toits, afin que la fumée puisse sortir, de sorte que les hommes n'en éprouvent point de dommage. Quand ils ont fini de serrer et de fermer leurs boutiques, ils doivent essuyer l'intérieur de leurs fours avec un lambeau propre, et puis ils commenceront à faire du pain. Le muhtasib écrit dans la liste de son contrôle les noms des boulangers et les endroits de leurs boutiques; car la nécessité exige de les connaître tous; il ordonne à ceux qui pétrissent la pâte de tenir nets les réservoirs d'eau, de laver les pâtes, de pétrir proprement et de conserver pur le couvercle du pain et la planche sur laquelle la pâte se pétrit. Au pétrisseur est défendu de faire usage de ses deux pieds pour le pétrissage de la pâte, et de ses deux genoux, et de ses deux coudes; car dans ce procédé il y aurait du mépris de l'aliment. Souvent d'ailleurs il coule pendant le pétrissage quelque chose de la sueur de son aisselle ou de son corps; aussi il ne lui est permis de pétrir la pâte que quand il est habillé d'un habit blanchâtre sans manches et quand il s'est couvert d'un voile; car il peut souvent éternuer ou parler, de sorte que quelque chose de sa salive et de ce qui sort du nez coule en bas dans la pâte; il doit aussi s'attacher sur le front une bande blanche, de peur que quelque chose de sa sueur ne tombe dans la pâte; s'il la pétrit durant le jour, il doit avoir chez lui un homme qui ait dans sa main un chasse-mouches et qui écarte de lui les mouches, tout cela après le criblage plusieurs fois répété de la farine.

Le muhtasib doit contrôler les boulangers et examiner les pâtes, vu que quelquefois ils altèrent la pâte du pain avec des pois chiches et des grains de lentilles; il y a aussi des personnes qui la falsifient par la farine de pois gris ou la farine de riz; en effet, ces deux espèces de farine rendent le pain pesant et lourd. Il leur défend de mettre du nitre (بورق) dans la pâte, car il est nuisible, bien qu'il embellisse l'aspect du pain; mais ils feront bien de répandre sur le dessus des aromates salutaires pour le pain, comme le cumin blanc, la nielle (شونيز), le sésame et d'autres grains. Ils ne doivent tirer le pain du four que lorsqu'il est tout à fait cuit à la juste manière, sans qu'il y ait sur la croûte trace d'un brûlement par le feu. Le meilleur moyen de maintenir l'ordre, c'est d'imposer à chaque boutique l'obligation de fournir chaque jour des quantités déterminées de pain, de peur qu'un danger de disette ne cause quelque désordre dans la ville. Les boulangers ne doivent s'en détourner par aucun empêchement.

CHAPITRE VII.

INSPECTION DES POSSESSEURS DE FOURS.

Le muhtasib doit les distribuer dans les rues, les quartiers et les différents endroits de la ville, à cause des avantages qu'ils procurent; il ordonne aux propriétaires de maintenir en bon état les cheminées et de nettoyer les pavés du four avec des balais à chaque heure. Si le propriétaire a chez lui beaucoup de plateaux pleins de pâte, il marque chacun d'eux d'une note, par laquelle il les distingue l'un de l'autre, afin que tous ne soient pas mêlés; autrement il ne les reconnaîtrait plus. Il convient qu'il ait deux boulangers (مخبز)[1], un pour le pain et l'autre pour les poissons, et qu'il place les poissons sur un endroit séparé des pains, de manière que rien ne coule de son huile sur les pains et qu'il ne prenne de la pâte rien de plus que ce qui est destiné pour elle. Son tablier, qu'il a devant lui, ne doit pas être percé ou déchiré en deux pièces, de manière qu'une fissure soit entre elles, et s'il prend la farine des gens devant lui, il en examine avec ses doigts la qualité. Le muhtasib l'observe très-exactement, et a le soin que ses esclaves et ses servants libres ne soient pas des enfants, qui ne soient pas arrivés à la maturité de leur âge; autrement ils entreraient dans les maisons, et s'introduiraient chez les femmes. Dieu sait le mieux la juste manière!

CHAPITRE VIII.

INSPECTION DES FAISEURS D'OMELETTES (زَلَابِيَّة PRÉPARÉES À L'HUILE).

Il convient que la poêle dans laquelle on frit les omelettes avec de l'huile soit d'un bon cuivre; ce qui se brûle dans la poêle d'abord, c'est la farine criblée; on la frotte avec des feuilles des champs,

[1] Un mot pour deux objets différents; en allemand le mot *Bäcker* serait convenable pour ces deux personnages, dont l'un fait le pain et dont l'autre frit les poissons.

quand elle est devenue froide, et alors on la met de nouveau au feu; on y ajoute un peu de miel et l'on enflamme autour d'elle le feu jusqu'à ce que le miel soit brûlé, puis on la nettoie avec des dattes pilées; on la lave et on l'apprête pour la préparation de l'omelette, car elle est purifiée de sa saleté et de sa vapeur.

Le muhtasib doit contrôler les faiseurs d'omelettes pendant toute cette manœuvre.

CHAPITRE IX.

INSPECTION DES BOUCHERS QUI ÉGORGENT LES BÊTES, ET DE CEUX QUI LES DÉPÈCENT ET VENDENT LA VIANDE.

Il est à désirer que le boucher qui égorge les bêtes soit musulman, dans l'âge mûr, et prudent; qu'il invoque le nom de Dieu pendant l'égorgement de la victime, qu'il se tourne du côté de la Mekke et qu'il égorge la chamelle liée et la vache et les brebis couchées sur leur côté gauche. Tout cela est commandé par cette tradition du Prophète: «Qu'on ne traîne pas la brebis par le pied avec violence et qu'on ne l'égorge pas avec un couteau émoussé;» car il y a dans un tel procédé la tracasserie des bêtes, et le Prophète a défendu la *tracasserie des bêtes* [1]. Il doit couper dans l'égorgement les deux artères, les pis et la gorge, et il ne doit commencer à écorcher la brebis que lorsqu'elle est de-

[1] تعذيب الحيوان.

venue froide et que l'âme en est sortie; en effet, le khalife Omar ordonna au crieur public d'annoncer à Médine l'ordre que voici : « La brebis égorgée ne doit être écorchée que lorsqu'elle est devenue froide. » Il est permis d'écorcher tous les membres du corps, excepté la langue et les ongles; le Prophète a défendu l'écorchement de ces deux parties. Le muhtasib doit empêcher de souffler sur la viande de la brebis après l'écorchement; car l'haleine de l'homme altère la viande et la fait gonfler. Quelques bouchers la dépècent entre les deux jambes et y seringuent de l'eau. Il y a des bouchers qui annoncent des vaches et des brebis grasses, et qui en égorgent d'autres : c'est une tromperie.

Le muhtasib défend aux bouchers qui dépècent les bêtes et vendent la viande de placer leur viande hors des bancs de leurs boutiques; elle doit être placée à l'entrée et en dedans du rebord des bancs des pilastres, afin que les habits des hommes ne s'y frottent pas et n'en éprouvent pas du dommage. Il ordonne de séparer la viande des chèvres de celle des brebis, sans qu'on puisse mêler l'une avec l'autre: pour cela les bouchers marquent la viande des chèvres par des points de safran, afin qu'elle se distingue de toute autre viande; les queues des chèvres doivent rester pendantes à la viande jusqu'à la consommation de la vente. On distingue la viande de la chèvre par la blancheur de sa graisse et la subtilité de ses flancs; ils ne doivent pas mêler la graisse des chèvres avec celle des brebis, ni la viande grasse avec la maigre; la graisse des brebis est distinguée par sa couleur jaune; on ne doit pas vendre les gras des cuisses séparés de la viande, ni mêler avec elles la peau et la viande. Quand on a fini la vente et qu'on veut partir, on prend du sel, et on le répand sur la partie de la peau dans laquelle la viande a été dépecée, afin que les chiens ne viennent pas la lécher ou que les insectes de la terre ne rampent pas sur elle. Si l'on ne trouve pas du sel, l'alkali frotté en tient lieu. La meilleure situation est lorsqu'un boucher ne s'entend pas avec un autre, de sorte qu'ils soient d'accord pour les prix. Le muhtasib défend aux bouchers de vendre la viande de la bête pendant sa vie; cela se fait en achetant une brebis d'après les rotls connus et certains de la viande, et en donnant chaque jour au vendeur la quantité convenue de viande; car le Prophète a défendu cela. Si le muhtasib a quelque doute à l'égard de la bête, qu'elle ne soit morte dans son sang, il la jette dans l'eau; si elle s'enfonce jusqu'au fond, elle a été égorgée; si elle reste sur la surface, elle est morte dans son sang. Il en est de même pour les œufs dans leurs coques; on les jette dans l'eau; s'ils sont d'une mauvaise qualité, ils restent sur la surface; s'ils sont bons, ils s'enfoncent.

Le muhtasib doit surveiller les chasseurs de passereaux et d'autres oiseaux de la manière que nous avons indiquée; car il y a beaucoup d'hommes du peuple qui n'ont pas de religion et beaucoup d'entre eux qui ne font pas de prière. Le muhtasib doit avoir la crainte de Dieu, ne pas recevoir d'eux un cadeau qui le puisse corrompre, ni accepter de personne un présent; ce serait livrer à ceux qui le donnent un pouvoir absolu et arbitraire sur les musulmans, et amener la perturbation dans le commerce des denrées. Quelquefois un oiseau meurt chez eux et ils le vendent avec les bêtes égorgées[1].

CHAPITRE X.

INSPECTION DES RÔTISSEURS.

Il convient que le muhtasib pèse les agneaux avant qu'on les descende dans le four, et qu'il enregistre leur poids dans la liste de son contrôle. Souvent quand on les retire du four, un tiers en manque et leur cuisson n'a pas atteint son vrai point. S'il en est ainsi, il faut les descendre de nouveau dans le four, puis déterminer leur poids. Le signe que l'agneau est bien rôti, c'est lorsque l'épaule devient sèche; si elle est devenue brun-foncé, elle est rôtie à point. Si des veines rouges s'y manifestent encore et qu'il en tombe quelque chose comme l'eau appartenant à la viande, c'est signe qu'elle n'est qu'à demi rôtie et pas au point voulu. Il y a des personnes qui enduisent les agneaux avec du miel et les placent debout dans le four; ils deviennent sur-le-champ

[1] Le lecteur qui voudra avoir une intelligence complète de ce chapitre fera bien de recourir aux traités de droit canonique musulman. (Voyez, entre autres ouvrages, le *Tableau de l'Empire Ottoman*, par Mouradgea d'Ohsson, t. IV, p. 8 et suiv.) — Note de M. Reinaud.

rouges, et une combustion s'y manifeste; alors ils sont déjà rôtis à point. Il convient de même que le rôti ne soit pas couvert dans le moment qu'il sort du four, et qu'il ne soit pas mis dans des vaisseaux de plomb ou de cuivre, s'il est encore chaud; car les médecins ont dit que le rôti se gâte sous un couvercle. Les rôtisseurs doivent boucher leurs fours avec du limon chaud pétri dans l'eau pure; il y en a qui prennent le limon des terres de leurs boutiques mêlées de sang et de crottin; mais c'est impur et sale, et souvent il s'en répand quelque chose sur le rôti à la sortie du four, et le rôti est souillé.

Quant à la préparation du rôti cassé en gros morceaux, il y a des rôtisseurs qui versent de l'eau et du sel, et y seringuent un peu d'eau de citron; puis ils le vendent. Dans les nuits d'été, il en reste une grande partie, et les rôtis deviennent altérés par l'huile jetée ou versée sur eux. Alors on les asperge avec de l'huile de cumin frais, afin d'en dissimuler les exhalaisons et le goût à l'acheteur. Toutes ces manœuvres sont une tromperie, et le muhtasib a le devoir de contrôler sévèrement les rôtisseurs et de les réprimander pour cela. Quand la vente sera finie et qu'ils voudront s'en aller, ils répandront du sel sur les morceaux cassés, comme nous l'avons dit ci-devant dans le chapitre sur les bouchers.

CHAPITRE XI.

INSPECTION DES BOUCHERS QUI VENDENT LES TÊTES DES BESTIAUX ÉGORGÉS.

Le muhtasib leur ordonne de conserver la pureté du collier, des têtes et des jambes par de l'eau fort chaude, et de les nettoyer parfaitement en ôtant les cheveux et les poils; puis elles sont lavées avec de l'eau froide, non avec celle dans laquelle elles ont été échaudées. Le doigt du boucher s'applique aux cartilages du nez, à sa partie supérieure, et qui le séparent du cerveau; il frotte la partie antérieure et en fait descendre ce qu'il y a en dedans de saleté et de souillure, ainsi que les vers qui y ont pris naissance. Il ne doit pas mêler les têtes des chèvres avec celles des brebis; c'est pourquoi il placera dans la bouche des chèvres leurs jambes, pour les distinguer des têtes des brebis; du reste, la marque distinctive des têtes des brebis est qu'au-dessous de l'œil il y a un trou, qui ne se trouve pas au-dessous des yeux des chèvres. Le nez des chèvres est fin et subtil à son origine, pendant que celui des brebis ne l'est pas. Il arrive quelquefois que les têtes ne trouvent pas d'acheteurs, et que les bouchers les mêlent le lendemain avec des têtes fraîches. La marque distinctive de la tête qui a passé la nuit est, lorsqu'on en tire l'os menu qui est au-dessous de la gorge, et nommé l'*aiguillon*, qu'on sent une odeur; si l'odeur est altérée, la tête est de la veille.

Il y a des personnes qui achètent l'huile qui coule du rôti, et la mêlent avec de l'huile des jambes, et le rôti est aspergé de cette huile. Le muhtasib a le devoir de maintenir l'ordre dans tout cela. Il doit veiller à ce que les têtes ne sortent de leur graisse que quand elles sont rôties à point, et que lorsqu'on les met en vente on y verse du sel et du sumac râpés.

CHAPITRE XII.

INSPECTION DE CEUX QUI FONT FRIRE LE POISSON[1].

Ils doivent laver chaque jour leurs creusets et les plats sur lesquels ils placent le poisson et sur lesquels ils répandent chaque nuit du sel; de même ils ont à faire attention à leurs poids enfoncés; car s'ils négligent de les laver, une puanteur s'en exhale, et leur souillure s'augmente; et s'ils y placent des poissons frais, leur odeur est altérée et leur goût se gâte; ils doivent prendre la peine la plus scrupuleuse de laver les poissons après leur fente, et d'y verser du sel pilé. Avant de le faire, on doit attendre que le poisson soit bien sec. On ne doit pas non plus mêler le poisson frais avec celui de la veille. La marque distinctive du poisson frais est que les cartilages du nez, à la partie supérieure, sont rougeâtres, pendant que celui de la veille n'est pas ainsi. Il convient que l'inspecteur des gens du métier inspecte à chaque heure leur poêle, afin qu'ils

[1] En italien *frittolaj*.

ne fassent pas usage d'une huile extraite des intestins des poissons et ne la mêlent pas avec celle d'olives; ils ne doivent pas non plus frire avec l'huile d'olives renouvelée, si son odeur s'est altérée. Pour les poissons qui sont distribués dans les contrées ou villes, ou ceux qui restent sans acheteurs dans les magasins, que leurs écailles ne soient pas enlevées, et qu'ils soient salés très-exactement, principalement la tête et les cartilages supérieurs du nez, car les vers s'y établissent promptement. Si les poissons qui n'ont pas trouvé des acheteurs ont le ventre gonflé, ils doivent être jetés sur les tas d'ordures au dehors de la ville.

CHAPITRE XIII.

INSPECTION DES GARGOTIERS.

Qu'ils couvrent leurs vases et les préservent contre les mouches et les insectes de la terre, après leur ablution avec de l'eau chaude et de l'alkali; ils ne doivent pas cuire les viandes des chèvres avec celles des brebis, ni celles des vaches avec celles des chameaux, de peur qu'une personne qui relève de maladie n'en mange, ce qui serait pour elle une cause de rechute. La plupart des gargotiers versent l'huile et l'évacuent dans le chaudron, de sorte qu'elle s'élève au-dessus de la surface du mets et que les hommes s'y trompent, s'imaginant que cette élévation vient de la grande quantité de la viande. La marque distinctive de la viande des chèvres dans le chaudron est sa noirceur, l'abondance de la moelle et la finesse des os. Le muhtasib doit avoir l'œil sur les substances par lesquelles les gargotiers falsifient les mets; c'est ainsi qu'ils falsifient la sauce de lait acide avec la farine, qui augmente son poids et l'épaissit. Il y a aussi des gargotiers qui l'épaississent avec la farine de riz et du miel ordinaire; d'autres falsifient la bouillie avec la colocasie; on reconnaît tout cela à sa couleur jaune foncé. Quelques-uns épaississent les mets de lait avec du levain, de l'huile ou de l'amidon (نشا). Si je n'appréhendais de suggérer à celui qui n'a point de religion des idées qu'il n'a pas, je mentionnerais beaucoup d'autres cas du même genre. La différence des choses et les variations qu'on leur fait subir nous fourniraient bien des exemples; mais je m'abstiens de mentionner ces cas, de peur que d'autres ne les apprennent et ne les mettent en pratique. Le célèbre Jakub al-Kindi a mentionné dans sa *Risala*, connue sous le nom de *Kimia des gargotiers*, ou alchimie des gargotiers, كيميا الطبّاخين[1], une viande qui est cuite *sans viande*, des foies qui sont *sans foies*, des moelles *sans moelles*, des boyaux d'agneaux, pour les saucisses, sans viande; des omelettes (عُجّة[2]) sans œufs, des espèces de plats préparés de viandes, de riz et

[1] Cf. *Abhandlungen für die Kunde des Morgenlandes* (*Deutsche Morgenl. Gesellschaft*), t. I, n° 2; Flügel, *Alkindi*, p. 51, qui cite un ouvrage d'Alkindi sous le titre : رسالة في صنعة أطعمة من غير عناصرها.

[2] Freytag, *Dictionn.* *Laganum* ex ovis in sartagine coctis.

de sucre, arrosés de graisse, sans riz; une haloua (حلوى) sans miel, sans sucre et avec miel de dattes, et beaucoup d'espèces des mets sans leurs substances, dont le récit détaillé ne servirait peut-être qu'à égarer des hommes avides et sans probité. C'est pourquoi je me suis abstenu de les citer : le muhtasib doit contrôler les gargotiers en tout cela, afin qu'aucun d'eux n'en pratique rien.

CHAPITRE XIV.

INSPECTION DES FAISEURS DE LA BOUILLIE *HARISA* (هريسة).

Le muhtasib doit tenir le juste milieu dans le contrôle de la harisa, sans faire tort à cette industrie. Que la viande de la harisa (هريسة) soit grasse, jeune et pure d'ordures, sans sang corrompu et non altérée dans son odeur. Il convient de la faire rester une heure dans l'eau et le sel, afin que le sang en sorte; alors on la tire dehors et on la lave avec une autre eau; après cela on la fait descendre dans le chaudron en la présence de l'inspecteur du métier, et alors celui-ci le cachette avec le timbre du muhtasib. Quand le temps de la grande matinée arrive, l'inspecteur brise le cachet du timbre et les faiseurs préparent la harisa en sa présence. Mais quelques-uns falsifient la harisa avec la colocasie; il y en a d'autres qui achètent à bon marché des bêtes corrompues par le coryza (غام), et qui mêlent leur viande avec la harisa; il y en a d'autres qui séparent des os la chair de bœuf ou la chair des chameaux, la sèchent et la conservent en la serrant; ils la chauffent avec l'eau chaude pendant une heure, et après cela ils la mettent dans la harisa; s'il en reste dans le chaudron une partie, ils la mêlent dans le chaudron du matin avec la harisa. Le muhtasib doit faire inspection de tout cela quand il imprime son timbre sur le chaudron.

L'huile de la harisa doit être fraîche et d'une odeur agréable; on en fait usage conjointement avec l'huile de la plante appelée *lentisque* (*pistacia lentiscus*) et de la cannelle (*laurus cinnamomum*). Le muhtasib doit observer et examiner cette substance, avec laquelle ils la faussent; car il y en a quelques-uns qui prennent des os de bœuf et de chameau ainsi que des têtes, et en ôtent la chair de manière que beaucoup d'huile en sorte; alors ils la mêlent avec l'huile de la harisa. Le moyen par lequel on pourra la reconnaître consiste à en verser quelques gouttes sur une ardoise; si l'huile coule et qu'elle ne soit pas épaisse ou d'une couleur amoindrie, elle a été falsifiée par la substance que nous avons décrite. Le muhtasib ordonne de laver les chaudrons et de les nettoyer, afin que l'odeur de l'huile ne s'altère pas non plus que son goût, de sorte que des vers n'y trouvent pas naissance; si l'on y met pour la seconde fois de l'huile, elle s'altère dans son odeur et son goût. Dieu sait le mieux la vérité.

CHAPITRE XV.

INSPECTION DES FRICASSEURS DE BOYAUX D'AGNEAU POUR LES SAUCISSES (النقانقيّون[1].)

Il convient que les endroits où les fricasseurs préparent et font cuire les boyaux d'agneau soient dans le voisinage de l'estrade officielle du muhtasib, afin que celui-ci puisse les contrôler lui-même; car leurs tromperies dans la préparation des fritures des boyaux d'agneau sont multipliées, et on connaît à peine toutes leurs ruses. Il leur ordonne de nettoyer la viande et de la préparer en une bonne manière, de l'engraisser et de la concasser en des pièces molles sur des chiffons nets, et qu'un homme soit auprès d'eux, quand ils concassent la viande, qui détourne et chasse les mouches avec un chasse-mouches. Ils ne doivent mêler avec la viande les oignons, les aromates et les condiments qu'en la présence de l'inspecteur, afin que celui-ci sache leur quantité dans le poids; alors ils les farcissent avec des intestins, purs aussi. Le muhtasib doit les contrôler à l'égard des substances avec lesquelles ils altèrent les boyaux d'agneau; quelques-uns les falsifient avec des foies, des reins et des cœurs; d'autres les farcissent avec des viandes fermes et maigres; il y en a quelques-

[1] Cf. Berggren, *Guide français-arabe*, p. 263; sous l'article *De la cuisine des Arabes*, n° 64 : نقانق, boyaux d'agneau farcis de viande hachée, avec du sel, du poivre, etc. et frits au four avec de la graisse ou du beurre fondu.

uns qui les mêlent avec les viandes de bœuf et de chameau, et d'autres qui arrosent la viande avec de l'eau au temps de son concassement. Il y en a encore d'autres qui farcissent le petit pâté de champignons et d'ail (سنبوسك[1]; voy. Berggren, 270, a.) avec la chair de poisson rôtie dans les condiments (التوابل); enfin il y en a quelques-uns qui les farcissent avec des fèves d'Égypte plantées dans les jardins, et des oignons blancs. On reconnaît tout cela à la fente des boyaux d'agneau avant leur friture; alors la tromperie de tout ce qu'il y a en dedans se manifeste. Quand ils sont placés dans la poêle, ils sont difficilement reconnus, parce que l'action du feu fait disparaître les traces du mélange. L'huile avec laquelle les boyaux sont frits doit être d'un bon goût et d'une bonne odeur, pas vieille et pas altérée.

CHAPITRE XVI.

INSPECTION DES FAISEURS DE HALOUA.

La confiture nommée *haloua* a tant d'espèces et de sortes différentes, que l'on ne peut pas les décrire toutes. La marque distinctive de leur mixture dépend de la mesure et de la relation de leurs espèces; par exemple, l'amidon, les amandes et le pavot, etc. se trouvent en grande quantité dans une espèce et en petite quantité dans une autre. Le muh-

[1] Kazimirski, *Diction. ar.* t. I, 1148. سَنْبُوسَق petit pâté à pâte feuilletée, dans laquelle on met des confitures ou de la viande.

tasib a recours pour la connaissance de tout cela à l'inspecteur du métier. Il convient que le haloua soit parfait dans sa préparation et ni cru, ni brûlé, et que le confiturier ne se sépare pas du chasse-mouches avec lequel il chasse les mouches. Le muhtasib doit le contrôler au sujet des substances avec lesquelles il falsifie les haloua, et il y en a beaucoup. Ainsi on mêle le miel d'abeilles avec le rob de raisins : cette falsification se reconnaît à ceci, que, si l'on met la composition au feu, l'odeur du rob se manifeste. Il y en a d'autres qui mêlent le miel de canamelle avec le raisiné, et la marque de sa falsification c'est qu'il est poussé à la partie la plus inférieure du vase. Il y a du haloua qui est falsifié avec de la farine, de l'amidon, de la farine de riz et de lentilles, et des écorces de sésame, et le signe distinctif de sa falsification est que la substance s'élève sur la surface de l'eau, quand elle y est jetée. Il y en a qui mêlent la barboute scabieuse (كعب الغزال) et le haricot (الماش[1]) avec le sucre candi, et le signe de la falsification est son inclination à la couleur fauve foncée et noire; il y en a qui falsifient les beignets grillés avec le sucre candi dissous au lieu du miel; il y en a encore qui falsifient les bouillies connues sous le nom de خبيصة[2], douces, aromatiques et préparées à la saponade, avec de l'amidon employé au delà de la mesure juste. La marque de cette falsification est qu'elles se brisent en petits morceaux, et, si elles

[1] Cf. de Sacy, *Relation de l'Égypte par Abd-Allatif*, p. 119, note 108.
[2] Voy. Berggren, *Guide*, p. 96.

restent pendant la nuit, elles deviennent épaisses et durcies. Il y en a d'autres qui falsifient le haricot de Turquie[1] avec de la farine. Le muhtasib a le devoir de les contrôler dans tout cela.

Le manuscrit arabe de la bibliothèque Refaiya à Leipzig nous donne une esquisse différente des falsifications des haloua (confitures, etc.). Après avoir décrit la falsification du haloua avec la farine, l'amidon et la farine de riz et de lentilles, et les écorces de sésame, et après avoir exposé que la falsification de la farine corrompue se fait avec sa fleur, il continue ainsi : « Il y a des confituriers qui prennent un extrait du miel d'abeilles et y ajoutent le raisiné, et cela est nommé *haloua*, persan حلوى عجميه ; quelques-uns falsifient les haloua à la saponade avec du sucre candi altéré, et y ajoutent du miel; d'autres augmentent l'amidon et le haloua est chauffé de nouveau, s'il reste trop longtemps sans acheteur. Le *besendoûd* est préparé avec le miel et ils le teignent de manière qu'il paraît être du sucre, etc. »

CHAPITRE XVII.

INSPECTION DES APOTHICAIRES.

Les tromperies de cette classe et de toutes les autres qui suivront sont multipliées, et il n'est pas possible d'en donner une esquisse complète. Que Dieu

[1] Je lis اللوبية. (Cf. de Sacy, Abd-Allatif, p. 38, note 5.) Le manuscrit de Vienne porte النوبية, si ce n'est pas une fausse leçon, pour البنية, *les haloua au café.*

soit clément au fonctionnaire qui s'en aperçoit, et à quiconque voudra bien ajouter ses remarques à ce livre pour acquérir la faveur divine ! Les falsifications de cette branche sont plus nuisibles aux hommes que toutes les autres, car les plantes officinales et les boissons sont composées de différentes substances naturelles et mixtures, et l'emploi des médicaments se dirige d'après leur composition. Certaines substances sont très-utiles pour le détournement de la maladie et l'amélioration de l'humeur; si quelque chose d'une autre nature s'y ajoute, cela les détourne de leur effet originaire et nuit nécessairement au malade. C'est un devoir obligatoire pour les apothicaires d'avoir la crainte du Dieu excellent sous ce rapport, et il convient que le muhtasib les sermonne et les exhorte avec des menaces de la punition et des châtiments corporels ; il doit contrôler chaque semaine leurs plantes et leurs drogues. Une de leurs falsifications consiste à falsifier l'opium d'Égypte avec les fibres de l'écorce du pavot cornu[1]; ils le falsifient aussi avec l'extrait des feuilles de laitue sauvage (الخس البرى) et la gomme arabique. La marque distinctive de cette falsification est que son odeur, quand l'opium est liquéfié dans l'eau, se manifeste comme celle du safran, s'il est falsifié avec le pavot cornu, et si son odeur est faible pendant qu'il est rude, il est falsifié avec l'extrait des feuilles de la laitue sauvage; que s'il est amer et si sa couleur est

[1] الماميثا, *glaucium phœnicum*. (Voy. Ibn-Baitar, éd. Sontheimer, t. II, p. 462.)

faible en vigueur, il est falsifié avec la gomme arabique. On falsifie le راوند (rawand, rhubarbe, *rheum palmatum*, voy. Ibn Baitar, I, 478) chinois avec la racine qui s'appelle *rawand eddawab* (la rhubarbe des bêtes de somme, voy. Ibn Baitar, I, 482), qui croît en Syrie. La marque distinctive de cette falsification est que la rhubarbe la meilleure est la rouge, qui n'a pas d'odeur et qui est sèche et légère; l'espèce la plus forte est celle qui n'a pas de vers; si elle est trempée, elle devient jaune dans sa couleur. Tout ce qui est contraire à cette qualité est falsifié avec les substances que nous avons mentionnées. Il y en a qui falsifient la liqueur sucrée qui se trouve dans les nœuds et racines de la canne à sucre indienne (nommée طباشير, cf. Ibn Baitar, II, 149, s) avec des os brûlés au jour de lundi, et le signe de cette falsification est que, si on la jette dans le feu, elle brûle comme la colophane; elle donne une fumée et son odeur est très-forte et purulente [1]; il y en a d'autres qui falsifient le tamarin avec la chair de prune, et ils falsifient le suc du lycium (حضض Ibn Baitar, I, 311) avec les gousses de l'huile d'olives et les fiels de

[1] Le manuscrit arabe de la Refaiya fournit une autre exposition : « La marque de cette falsification est que, si on la jette dans l'eau, l'os s'enfonce et la liqueur reste sur la surface; » et puis le manuscrit continue: « Il y en a d'autres qui falsifient la gomme masculine de la *boswellia turifera*, اللبان الذكر (Ibn-Baitar, II, 398; d'après Dioscoride : *stagonias*), avec la colophane et la gomme arabique, et cette falsification se reconnaît à ce que, si on la jette dans le feu, elle brûle comme la colophane; elle donne une fumée et son odeur s'exhale très-fort et est purulente. » Cette exposition rétablit l'omission du manuscrit de Vienne.

bœuf au temps de sa cuisson. La marque de cette falsification est qu'en jetant quelque chose de cette substance dans le feu, le pur brûle, et que, si on la fait écumer après le brûlement, il lui reste en haut une écume comme la couleur du sang; si la matière est bonne, elle est noire et son intérieur se manifeste avec la couleur la plus forte (voy. Ibn Baitar, I, 311, avec un rouge vif); ce qui ne mousse pas et qui ne brûle pas est falsifié par les substances que nous avons citées. Il y en a d'autres qui falsifient les racines du kusth arabe (*costus arabicus*, voy. Ibn Baitar, II, 297) avec les racines de l'aunée (راسن, *inula Helenium*, *ibid.* I, 476, s). La marque de cette falsification est que le kusth a une odeur, et, s'il est placé sur la langue, il a du goût; or l'aunée n'a ni l'un ni l'autre [1]. D'autres mêlent les bouts de la *valeriana iatamansi* (سنبل, l'épi aromatique) avec les bouts de la colocasie d'Égypte, et la marque de cette falsification est que si on les met dans la bouche, elle languit et brûle. Il y en a encore d'autres qui falsifient l'euphorbe (la gomme, ar. الافربيون; voyez l'article فربيون chez Ibn Baitar, II, 248) avec la fève d'Égypte sèche et pilée; d'autres mêlent le mastic avec la gomme des pères (صمغ الاباء [2]); il y en a encore qui falsifient la gomme résine (المُقل) connue sous le nom

[1] Ibn-Baitar, II, 297 : « Cette falsification se reconnaît à ce que les racines de l'aunée, placées sur la langue, ne sont pas piquantes, et qu'elles n'ont pas une odeur forte et excitante. »

[2] Manuscrit de Leipzig صمغ الاهل.

de *bdellium*[1] avec la gomme arabique très-forte. La marque distinctive de cette falsification est que la gomme indienne (الهندى) a une odeur pénétrante, et, si l'on en fait l'essai, elle n'a pas d'amertume. Quelques-uns mêlent l'épithyme de Crète (الافتيمون, Ibn Baitar, I, 57) avec les bouts du polypode (البسباج ou بسفايج, Ibn Baitar, I, 135[2]). Il y en a encore qui mêlent la scammonée (المحمودة) avec le suc épaissi du lait d'euphorbe nommé اليتوع (Ibn Baitar, II, 595). La marque distinctive de cette falsification est qu'en la plaçant sur la langue, elle la mord à cause de son acidité et de son aigreur; dans ce cas elle est falsifiée. Il y en a d'autres qui la falsifient avec la farine des fèves d'Égypte et la farine des pois chiches. La marque de ces diverses falsifications est que la pure est comme le gara (l'amidon) pour la couleur, et que la falsifiée manifeste le contraire. Il y en a d'autres qui mêlent l'écorce de la *boswellia turifera* (اللبان) avec l'écorce du pin. La marque distinctive de cette falsification est que, lorsque cette écorce est pure, elle brûle, si on la jette dans le feu, et elle exhale une agréable odeur; dans le cas contraire, elle est falsifiée. Il y en a d'autres encore qui mêlent la marjolaine[3] avec les semences du trèfle sauvage jaune (حندقوق).

[1] Voyez sur المقل de Sacy, *Chrestom. arab.* III, 478, et Ibn-Baitar, II, 524.

[2] Le manuscrit de la Refaiya offre ici une exposition différente : « D'autres mêlent l'épithyme de Crète avec l'épithyme de Syrie (manuscrit, افيون au lieu de الافتيمون). »

[3] مرزنجوش. Voy. Ibn-Baitar, II, 494, et Soyouthi, *Description*

Ils falsifient la cire avec la graisse de chèvre et la colophane, et ils y mêlent la farine des fèves d'Égypte ou du sable fin. Ils versent en secret cela dans la cire de chandelle et les mêlent avec la cire pure. Cette falsification se reconnaît tout de suite si l'on allume la chandelle. Il y en a d'autres qui mêlent les huiles aromatiques et d'autres avec l'huile de sésame après l'avoir fait bouillir au feu; ils y jettent des noix et des amandes cassées en gros morceaux pour lui ôter son odeur et son goût, et alors ils les mêlent avec les huiles. Il y en a encore quelques-uns qui prennent des noyaux d'abricots et de sésame; ils les pétrissent après les avoir pilés; ils les pressurent, et ils vendent le suc comme si c'était de l'huile d'amande. Il y en a d'autres qui falsifient l'huile de baume avec celle de lis. Si quelque chose en coule sur un lambeau de laine, et qu'on le lave, la tache cesse d'être dans le lambeau et aucune trace n'y reste plus; alors elle est pure et non mélangée; que si quelques traces en restent, elle est falsifiée. Également, si la qualité pure coule dans l'eau, elle s'enfonce et reçoit la consistance du lait, pendant que l'huile falsifiée s'élève sur la surface de l'eau et reçoit la consistance de l'huile d'olives. Je me suis abstenu de beaucoup de choses dans ce chapitre de peur que certains détails ne parviennent à la connaissance de celui qui n'a pas de religion, et qui ne demanderait pas mieux que d'exécuter ses tromperies envers les musulmans.

des beautés de l'Égypte, manuscrit arabe de la Bibliothèque impériale de Vienne, fonds mixte, n° 128, fol. 214 r°.

Je n'ai pas non plus mentionné, dans ce chapitre ni dans les suivants, ce dont la falsification est connue de tout le monde et que la plupart commettent. L'auteur de l'ouvrage كيميا العطارين (*L'Alchimie des épiciers*) a mentionné une grande partie de ces choses. Dieu veuille être clément à celui dont la main déchirera ce dernier livre et le réduira en cendres, pour acquérir la grâce du Dieu excellent et glorieux!

CHAPITRE XVIII.

INSPECTION DES ÉPICIERS.

Ce chapitre se divise, après l'introduction, en six sections. Après avoir donné tout ce que renferme ce chapitre, je placerai, vis-à-vis des remarques de notre Annabrawi, ce que Dschaubari a rapporté, dans son ouvrage cité dans l'avant-propos, dans le chapitre x, qui traite des secrets des épiciers. (Manuscrit arabe de la Bibliothèque impériale de Vienne, fonds nouv. n° 154; du fol. 41 v° jusqu'au fol. 44 v°.)

Les falsifications des aromates (العطر), dit Annabrawi, varient suivant la différence des parfums et suivant le genre des plantes officinales et aromatiques. Je citerai de préférence les choses dont la falsification et les artifices sont connus, et je m'abstiendrai de parler de ce dont la falsification est restée cachée. A la première catégorie appartient le procédé suivant : les épiciers préparent la vessie de musc avec des écorces de dattes non encore mûres (البلح [1])

[1] Cf. Sacy, *Abd-Allatif*, p. 73, 74, 75.

et du passerage (شيطرج [1]); ils les pétrissent avec de l'eau et de la gomme de pin, et ils mêlent à une drachme de musc quatre drachmes de toutes ces substances; ils les pressent dans la vessie, dont ils bouchent l'ouverture avec la gomme, puis la sèchent sur la tête (cime) du poêle (four). Pour reconnaître cette falsification et d'autres falsifications du même genre, on ouvre cette vessie, et l'on y pique comme quand on désire connaître l'intérieur d'une substance; si une force comme le feu monte du musc jusqu'à la bouche, il est solide et pur; si c'est le contraire, il est falsifié. Il y en a d'autres qui préparent les vessies avec des écorces d'un chêne (بلوط) qui a été rougi au feu, et ils mêlent avec elles sur trois drachmes une drachme de musc [2]. Puis ils les pressent avec ce mélange dans la vessie, et la découverte de cette falsification se fait de la manière que nous avons citée.

PREMIÈRE SECTION.

Quant à l'ambre gris, quelques épiciers le préparent avec de la fiente de cormarin (زبد البحر, « écume de mer »), de la gomme noire, de la cire blanche, de la sandaraque et de la noix muscade (جوز الطيب). Ils les frottent avec force et les mêlent ensemble. Il y en a d'autres qui le préparent avec de la fiente de cormarin, de la sandaraque, de l'a-

[1] Ibn-Baitar, II, 115.

[2] Le manuscrit arabe de la Refaiya porte : « Sur *dix* drachmes *deux* drachmes de musc. »

loès, de l'épi aromatique et de la fiente du lézard d'Afrique; ils frottent ces matières avec force et les enferment dans le ventre d'un cheval pendant huit jours; alors ils les en tirent et les mêlent avec des ingrédients du même genre. Quelquefois l'ambre gris est employé pour des images, des colliers, ou d'autres choses. La découverte de la falsification de tout cela se fait en jetant la composition dans le feu; l'odeur des mixtures ne peut se cacher, non plus que l'ambre gris, et, s'il y a de la sandaraque ajoutée, il s'en dissout.

IIe SECTION.

En ce qui concerne le camphre[1], il y a quelques épiciers qui le préparent avec les débris qui restent après le criblage du marbre[2]; il y en a d'autres qui pétrissent le camphre avec la gomme arabique blanche; d'autres encore le préparent avec la pierre du sel ammoniac; il y en a qui le préparent avec du collyrium pur dissous, du plâtre non chauffé et de la gomme arabique blanche; et il y en a encore qui le préparent avec du bois de ricin frotté et du riz. Quelques-uns emploient les noyaux de dattes non encore mûres, qu'ils pilent jusqu'à ce qu'ils soient devenus comme de l'écume; ils les pétrissent avec de l'eau de camphre et les étendent en pièces minces, et il en reste quelque chose comme le camphre. La découverte de cette falsification se fait de la ma-

[1] كافور.
[2] Ibn-Baitar, éd. Sontheimer, I, 364.

nière que nous avons décrite. Une autre manière dont nous n'avons pas encore parlé consiste à jeter un morceau dans l'eau; s'il s'enfonce, il est falsifié, et, s'il reste ou s'élève sur la surface, il est pur. On peut aussi placer le morceau sur un lambeau qu'on met au feu; s'il s'envole, il est pur; mais, s'il brûle au point d'être réduit en cendre, il est falsifié.

IIe SECTION.

Quelques épiciers falsifient le safran avec des plumes de la poitrine des poulets et de la chair de vache; ils allongent ce qu'ils en veulent, le coupent et le teignent avec du safran; puis ils le sèchent et le mêlent avec d'autres choses. La découverte de cette falsification se fait en trempant un morceau dans le vinaigre; s'il se rétrécit, il est falsifié et il change aussi de couleur; s'il est pur, sa couleur reste dans l'état original. Il y en a d'autres qui moulent le safran falsifié très-mince, afin que sa falsification ne se manifeste pas; et, pendant qu'ils le moulent, ils y mêlent du sang-dragon, de sorte que sa couleur reste dans son état original; car la couleur du safran falsifié, s'il est moulu, devient blanche; c'est pour cela qu'ils ajoutent du sang-dragon. La découverte de la falsification se fait en jetant un morceau dans l'eau; s'il s'enfonce, il est falsifié; s'il reste ou s'élève sur la surface de l'eau, il est pur. Il y en a encore qui le falsifient avec du verre râpé en petits morceaux, et la découverte de cette falsification se fait de la manière que nous avons citée. Il y en a encore qui le falsifient avec de l'amidon râpé. On découvre cette falsification si on le met au feu dans un vase d'eau; car il s'attache et s'agglutine fortement. Il y en a d'autres qui le falsifient avec le khalouk (الخلوق, espèce de parfum dont le safran forme la base, et qui est jaune). La découverte de cette falsification se fait en le jetant dans le vinaigre et la moutarde : sa couleur devient rouge et il se gonfle. Quelques personnes ont imaginé de placer un papier dans le milieu du vase, et de remplir un côté du parfum nommé *khalouk*, et l'autre côté, du safran râpé.

IVe SECTION.

Quant à la civette[1], quelques-uns lui attribuent pour base la poix liquide (القطران) du cèdre; ils ajoutent à chaque deux drachmes une drachme de musc pur et solide, une drachme d'aloès râpé, une drachme de musc, une drachme de laudanum (لاذن) fondu au feu, et un demi-mitkal d'ambre gris; ils joignent à tout cela quatre mitkals d'huile pure du fruit nommé بان (*hyperanthera moringa*, ou *glans unguentaria*), de sorte que la civette s'y distingue à peine. Il y en a d'autres qui préparent la matière avec la pistache et ajoutent à une drachme d'une substance une drachme d'une autre; il y en a encore d'autres qui la préparent avec du sésame

[1]. Il y en a dix-huit espèces. (Cf. الزباد chez Dschaubari, dans son ouvrage cité, chap. x, section 9, fol. 43 v°, 44 r°.)

récent et écorcé et du khartas brûlé [1], et y ajoutent des parfums connus. Toutes ces civettes falsifiées doivent être connues du muhtasib et de l'inspecteur du métier pour la couleur, l'odeur et la constitution, et il faut qu'ils les examinent, car des gens sans religion les vendent aux colporteurs et à ceux qui sont assis dans les rues.

Ve SECTION.

Certains épiciers falsifient l'aloès. Ils prennent le santal (bois odoriférant) et lui donnent l'apparence de l'aloès; puis ils le trempent dans une cuvée de ceps de vigne vieux, et le mêlent avec l'aloès indien (*aloexylon agallochon*). La découverte de cette falsification se fait en en jetant un morceau dans l'eau, afin que l'odeur du santal se manifeste. D'autres le préparent avec des écorces du bois qui est appelé الابيلق (un peu bigarré de blanc et de noir); ils le trempent dans l'eau de rose préparée avec du musc et du camphre, et dans laquelle ils le font rester quelques jours; puis ils l'en retirent, le plient et le roulent.

VIe SECTION.

Quelques épiciers fabriquent l'huile du *bân* (*glans unguentaria*) avec de l'huile des graines de coton (حبّ القطن) et de l'huile des noyaux d'abricots, et ils la rendent plus odoriférante à l'aide de musc

[1] Le khartas est préparé avec la plante d'Égypte nommée بردى ou ابردى, le papyrus. (Voy. Ibn-Baitar, éd. Sontheimer, t. I, p. 127.

du souchet ou de la pomme de grenade (الانارى). Il y en a d'autres qui la préparent avec de l'huile d'olives non encore mûres (زيت الانفاق, *oleum omphacinum*, Ibn-Baitar, I, 550); ils la rendent plus odoriférante à l'aide d'une autre mixture de musc, et y jettent des bouts d'aunée; il s'y produit une verdeur, et elle ressemble approximativement à celle qui vient de la ville de Madâïn (la ville ancienne, capitale des Sassanides, Ctésiphon). Il y en a d'autres qui subliment les nœuds de pin et les écorces de la *boswellia thurifera* (كندر), de manière à faire croire que c'est de l'eau de camphre. La découverte de cette falsification s'opère en en faisant couler quelque peu sur un lambeau blanc qu'on lave; si le liquide s'y fixe et y laisse des traces de taches, il est falsifié par les substances mentionnées.

Tout ce que nous avons exposé dans ce chapitre ne convient comme bon et utile pour le commerce, dans sa préparation et dans la vente, qu'aux étrangers et aux Persans, ainsi qu'à ceux qui circulent dans le milieu des rues. Le muhtasib ne doit pas négliger de découvrir tout cela et de témoigner son mécontentement à celui qui le commet, et il doit lui infliger un châtiment corporel, de la manière auparavant décrite.

Le dixième chapitre de l'ouvrage de Dschaubari, *Sur les secrets des épiciers*, renferme douze subdivisions : 1° la découverte de leurs secrets dans la préparation du myrobolan (اهليلج[1]); 2° celle de

[1] Cette plante est originaire de l'Inde. Sur son origine, son nom,

leurs secrets dans la préparation de l'eau de rose [1], 3° celle de leurs secrets dans la préparation du gingembre (*amomum zingiber*[2], Ibn-Baitar, I, 537); 4° celle de leurs secrets dans la préparation de l'aloès; 5° celle de leurs secrets dans la préparation du musc; 6° celle de leurs secrets dans la préparation de l'ambre gris; 7° celle de leurs secrets dans la préparation de la tutie (Ibn-Baitar, I, 217, s.); 8° celle de leurs secrets dans la préparation du sang-dragon; 9° celle de leurs secrets dans la préparation de la civette; 10° et 11° celle de leurs secrets dans la préparation de la pierre d'azur (اللازورد); et 12° celle de leurs secrets dans la préparation de la pastille de l'électuaire composé des fruits nommés قرص أكالب. Nous donnerons un petit résumé de ces chapitres, principalement de ceux qui renferment des renseignements sur les drogues non mentionnées dans le chapitre d'Annabrawi.

1° S'ils veulent préparer le myrobolan (اهليلج), ils prennent une partie de l'aloès et de la gomme arabique, qu'ils pilent en petites et minces pièces; puis ils prennent des fiels de chèvre et pétrissent ces pièces en une masse ferme. Ils ont des moules et des tablettes de bois en guise de modèles, pour la préparation des pastilles de citron. Dans ces moules ils mettent cette mixture, dans laquelle ils piquent

son introduction chez les Arabes, voy. le *Mémoire géographique, historique et scientifique sur l'Inde*, par M. Reinaud, p. 198.

[1] الماورد.

[2] زنجبيل.

le noyau du myrobolan, et elle devient plus belle que le myrobolan lui-même. Dschaubari indique dix procédés différents.

2° Dans la préparation de l'eau de rose (ما الورد), ils prennent quelques boutons de la rose d'Irâk et les font tremper dans l'eau de rose pure de Nisibe (voy. Ibn-Baitar, II, 482), pendant un jour et une nuit; ils les farcissent alors dans la courge (قرعة) et se hâtent de mettre du musc dans la cruche de l'alambic. Ils ajoutent à chaque rotl de boutons de roses dix drachmes de girofle, et deux drachmes de cardamome (هال, voy. de Sacy, *Abdallatif*, p. 320, note 28); ils les distillent par un feu doux; ils placent ce qui s'en distille dans une bouteille de verre, dont l'embouchure est bouchée et enveloppée de coton; ils la conservent dans une capsule et la préservent de la poussière et de l'air, de manière que rien de son odeur n'en sorte. Ils prennent aussi de l'eau pure et douce et la versent dans un chaudron pour la faire bouillir à un feu doux, jusqu'à ce que le tiers s'en soit évaporé; alors ils la tirent du chaudron et la préservent de la poussière; si elle est devenue froide, ils en prennent l'élixir qui s'est distillé dans la proportion de trois drachmes. Ils y ajoutent un rotl d'eau bouillante, poids de Bagdad; après cela, ils bouchent l'ouverture du vase et le mettent au soleil pendant trois jours. C'est la manière la meilleure. Il y en a encore d'autres que Dschaubari indique, au nombre de quarante.

3° Dans la préparation du gingembre, on prend

les feuilles de la roquette (une espèce de chou, جرجير, voy. Ibn-Baitar, I, 244), et on les trempe dans de l'eau de cresson alénois (ما رشاد); on y ajoute le poids d'une drachme de gingembre; après cela on les fait bouillir jusqu'à ce que le quart de cette eau se soit évaporé; puis on l'éloigne du feu et l'on attend que tout soit séché. Ce mélange excite une chaleur plus forte que le gingembre. Il y en a trois espèces.

Le chapitre huitième donne un renseignement sur la préparation du sang-dragon coulant et d'une autre espèce. Les fabricants prennent du limon rouge de Médine ou de l'Irâk, de la bonne qualité, qu'ils pilent en poudre; puis ils prennent quelque peu de sang-dragon coulant et du sang des scarificateurs, et le trempent jusqu'à ce qu'une belle couleur se soit formée; alors ils le font sécher : c'est la plus belle qualité. Il y en a huit espèces.

Dans la préparation de la pierre d'azur (اللازورد), ils prennent الغشم, c'est-à-dire la terre de la pierre d'azur, et la placent dans des marmites de pierre; ils ajoutent à chaque oukia une oukia de poix, qu'ils font bouillir, et une oukia de colophane. Lorsque la teinture s'élève sur elle, elle paraît comme une écume de savon; et, s'ils veulent la polir, ils jettent sur elle un peu de borax. Il y en a jusqu'à quinze espèces.

Dans la cinquième section, Dschaubari décrit la préparation du musc. On prend de petits pigeons ou des chameaux malades, et on les nourrit avec la première qualité de girofle, pilé avec l'eau de rose et l'extrait de l'épi aromatique; cela dure sept jours; ensuite on prend une coupe de verre, qu'on enduit d'huile du ban; au-dessus de cette coupe on égorge ces animaux, et l'on fait couler le sang dans ce vase, qu'on préserve de la poussière. Quand le sang est sec dans le verre, on ajoute environ une cinquième partie au musc, et l'on râpe le tout; puis on prend une vessie vide, qu'on farcit de cette mixture. Dans la vessie est appliquée de la gomme arabique, à laquelle les poils de la vessie s'attachent. Tout cela peut alors être mis en vente. C'est la plus belle qualité que j'aie vue.

Quant aux pastilles composées de fruits, elles affaiblissent le corps; elles produisent dans l'estomac le manque de vigueur (استرخاء, relâchement), et elles affaiblissent les pieds. On prend pour cela une partie de la morelle (كاكنج, *solanum nigrum*. Voy. Ibn-Baitar, II, 339), des grains de l'agaric (*agaricum*, Ibn-Baitar, II, 230), du platane oriental (دُلب, Ibn-Baitar, I, 422), et de la graisse de la mangouste (l'ichneumon des anciens, النمس, cf. de Sacy, *Abdallatif*, p. 129, note 137); on pile le tout, et on le dissout dans de l'eau de laurier rose (الدفلى, *nerium oleander*, Ibn-Baitar, I, 420 s.). C'est la plus agréable pastille. Il y en a de cette espèce cent variétés.

CHAPITRE XIX.

INSPECTION DES MARCHANDS DE RAFRAÎCHISSEMENTS ET DE SIROPS.

Les boissons ne doivent pas être coagulées, et les électuaires et les purgatifs[1] ne doivent être composés que par celui dont le savoir s'est manifesté, dont l'expérience s'est multipliée, et par celui qui a étudié sous quelque maître expérimenté les plantes officinales et leurs relations dans la composition. Il ne les compose que des racines connues et des médicaments en usage, comme les compositions, *saboul* (carouge doux), la royale (الملكى) ou la composition de la Mekke (المكى), le kanoun (القانون) et d'autres, dont la bonté est constatée; de plus, il doit avoir la crainte de Dieu et peur du jour dernier, en raison d'une conduite négligente ou de la diminution du poids. Voici une composition souvent reproduite : on met ensemble du suc de la canne à sucre, préparé avec du lait tout frais, du vinaigre et de la céruse[2]; on tire le pur en couleur, agréable au goût et à l'odorat, et l'on compose pour les boissons et les électuaires un surrogat de sucre et miel d'abeilles, qu'on nomme القطارة, c'est-à-dire, qui suinte du sucre. Le devoir du muhtasib est d'obtenir des fabricants une promesse, sous la sanction du serment, qu'ils ne feront jamais cette

[1] الجوارشنات, Ibn-Sina, éd. de Rome, II, ١٩٢, ٢١١, ٢٢٩, ٢٣٩.

[2] اسفيداج. Voy. Ibn-Baitar, I, 43.

composition; car elle est très-nuisible aux humeurs, elle les dérange et ruine tout à fait le corps. La falsification se reconnaît à ce que, si une autre boisson y est ajoutée, elle tourne au noir; de plus, l'odeur de vinaigre s'y manifeste au bout de quelque temps, etc. Il convient que le muhtasib contrôle chez eux les boissons au commencement de chaque mois; dès qu'il se manifeste en elles quelque chose d'aigre, ou quelque chose d'altéré, il n'est pas permis à son possesseur de les mettre cuire une seconde fois, à cause de la corruption de leur humeur et de l'altération de leur nature, excepté le *sorbet de rose et de violette;* car l'altération de ces deux boissons disparaît vite, et une seconde cuisson augmente leur vigueur, leur pureté et le profit pour l'estomac. Le sirop de vinaigre aromatique, si sa couleur incline au noir, a été falsifié par le suc de canne à sucre mentionné; de même, les électuaires, s'ils s'altèrent dans le vase et deviennent aigres et fétides, ont été falsifiés par ce que nous avons mentionné. Le fabricant fera bien de choisir des ingrédients vigoureux pour la coagulation de toutes les boissons, afin qu'elles reçoivent de la consistance.

CHAPITRE XX.

INSPECTION DES VENDEURS DE GRAISSE, D'HUILE, DE BEURRE ET DE FRUITS (السمّانون).

Le muhtasib contrôlera leurs mesures et leurs poids, et leurs rotls, de la manière que nous avons citée ci-devant, chapitre III. Ils ne doivent pas mêler la qualité inférieure d'une marchandise avec la bonne, si chaque marchandise est achetée en détail pour son prix spécial; ils ne doivent pas non plus mêler l'huile d'olive vieille avec la récente. Ils ne doivent pas imbiber d'eau les fruits et les raisins secs, afin de les rendre plus lourds au poids, ni oindre les raisins avec de l'huile d'olive, afin que leur couleur devienne claire et leur extérieur plus beau. Il y en a qui falsifient l'huile d'olive, au temps que l'olive n'est pas encore mûre, avec l'huile de cartame (قرطم, *carthamus tinctorius*[1]). Cette falsification se reconnaît à ce que, si on laisse l'huile au feu, il s'élève une grande fumée qui intercepte la respiration. Il y en a qui y mêlent le beurre fondu, à cause de sa finesse, et il y en a d'autres qui mêlent le vinaigre avec de l'eau. La découverte de cette falsification se fait de cette manière : le vinaigre pur, si quelque peu en est versé sur la terre, est absorbé, pendant que le vinaigre mêlé avec de l'eau n'est pas absorbé; si le lait est mêlé avec de l'eau, et qu'on y verse un électuaire de lentille d'eau, on peut distinguer bien l'eau du lait; on découvre aussi la falsification du lait tout frais, si l'on y plonge un poil et qu'on le tire en dehors; si le lait ne s'y attache pas, il est falsifié; mais si quelque chose du lait s'attache au poil et éclate en étoiles, il est pur. Le muhtasib doit surveiller les marchands dans la

[1] Voy. Ibn-Baitar, II, 293.

préparation du vinaigre, d'après la différence de ses sortes.

Dès que les légumes (الكوامخ) aigrissent, le muhtasib ordonne au marchand de les jeter hors de la ville; car ils ne peuvent plus être utiles après leur âcreté. En général, de tout ce qui s'altère par les vers, fromage, viande réservée, graisse et huile, il n'est permis d'en rien vendre à cause du dommage que cela causerait aux hommes. Il convient au muhtasib qu'il détourne les marchands de vendre les conserves de fruits cuits au feu, car elles produisent l'éléphantiasis. Il y en a quelques-uns qui mêlent les aromates les unes avec les autres, et d'autres qui mêlent le cumin des prairies avec la semence de l'herbe connue sous le nom de عين الحيّة « œil du serpent », qui ressemble au cumin des prairies par la couleur; seulement ses grains sont un peu plus grands et elle n'a pas d'odeur. Le muhtasib doit les surveiller à cet égard. La plupart mêlent le miel de dattes avec l'eau. La découverte de cette falsification se fait en ce qu'il devient épais en des grains comme la fleur de la farine dans le temps de l'hiver, et que, dans le temps de l'été, il devient fluide et mince. Il y en a qui pilent les écorces de la pomme de grenade et les falsifient avec le *curcuma* (كركم); ou bien ils mêlent le miel de dattes fraîches avec du sable et de la guimauve, et la découverte de cette falsification se fait d'une manière très-facile. Il y en a d'autres qui font de la poix avec la cendre des roseaux et du sable.

Il convient que les marchandises soient conservées dans des vases (برانى) et des terrines (قطارمير); afin qu'aucune mouche ou autres insectes de la terre ne les puissent atteindre, ni quelque chose de la terre, ni de la poussière, ni de telles choses. Les marchands les placeront dans des coufins faits de feuilles de palmier, et il n'y aura pas de mal à ce qu'elles soient enveloppées et couvertes de toiles. Ils doivent avoir dans leurs mains un chasse-mouche pour détourner les mouches des marchandises; en même temps ils doivent conserver propres leurs habits, laver leurs ustensiles à puiser (مغارن), ainsi que leurs vases et leurs mains, et essuyer leurs mesures et poids de la manière citée. Le muhtasib doit visiter les boutiques, tant celles qui sont placées dans les rues que celles qui se trouvent sur un point écarté, examiner les marchandises, les vases, et les poids dans chaque semaine, et cela au moment où il sait qu'on ne l'attend pas.

CHAPITRE XXI.

INSPECTION DES MARCHANDS D'ÉTOFFES.

Personne ne doit trafiquer dans les étoffes, s'il ne connaît les règlements de la vente et les principes du négoce; autrement il tombe en doute et commet des actions illicites. C'est pourquoi Omar Ibn Alkhattab a dit : « Que personne ne trafique dans nos marchés que celui qui est fakih (docteur) dans sa foi; autrement, il s'expose à l'usure bon gré mal gré. » Annabrawi raconte que de son temps il y avait beaucoup de marchands d'étoffes dans les marchés qui agissaient dans la vente de leurs marchandises d'une manière qui n'est pas permise. A ce genre appartient le nedjich (نجش) [1]; il consiste en ce que quelqu'un, s'entendant avec un marchand, exagère le prix d'une marchandise, que cependant il ne veut pas acheter, et tout cela pour tromper les autres. Cela est défendu d'après la tradition d'Abou-Huraira. Mahomet a dit : « Qu'il n'y ait pas collusion entre vous; ne vous haïssez pas réciproquement; n'ayez pas d'envie mutuelle et ne tournez pas le dos l'un à l'autre; mais soyez des serviteurs fidèles de Dieu dans la concorde fraternelle! » On ne doit pas demander pour la marchandise un prix plus grand que celui qui est équitable; cela est défendu. Il en est de même de la vente au détriment de la vente de son frère (البيع على بيع اخيه)[2]. Cela se fait de la sorte : un homme achète une marchandise chez un marchand pour un prix fixe, sous la condition d'en choisir une meilleure après la réintégration de l'autre, et alors un autre homme lui dit : « Rends cette marchandise; je te vendrai une marchandise meilleure pour le même prix, ou une semblable marchandise pour un prix inférieur. » Cette action est aussi défendue; car le Prophète a dit : « Que personne ne vende au détriment de la vente de son frère, et qu'on ne fasse

[1] Cf. Buchari, manuscrit arabe de Vienne, N. F, 248, fol. 109 r° (n° 1297).

[2] Buchari, manusc. de Vienne, N. F. 248, fol. 109 r° (n° 1295).

pas une offre qui excède celle de son frère ! » Il y en a qui fixent le prix d'une marchandise au-dessous du prix fixé par leur confrère. Par exemple, un homme achète une marchandise et la fait taxer par un négociant. Un autre lui dit : « Je te donnerai une marchandise meilleure que celle-ci pour le même prix ou une semblable pour un meilleur marché ; » alors il lui présente la marchandise de manière que l'acheteur la voit ; et cela est défendu, parce que le Prophète a dit : « Que personne ne fixe le prix d'une marchandise au détriment de la taxation de son frère[1] ! » Il y en a qui disent à l'acheteur : « Je te vendrai le même habit pour le même prix pour lequel tel et tel te l'ont vendu ; » ou « Je te vendrai cette marchandise pour le prix net (برقمها). » D'autres disent au négociant : « Je te vendrai cet habit à la condition que tu me vendes ton habit ; » ou « Je te vendrai cet habit pour dix drachmes argent comptant, ou pour vingt à crédit. » Il en est qui vendent la marchandise pour un terme indéterminé, comme quand on dit : « Je te vends cet habit pour l'époque de l'arrivée des pèlerins ; » ou « pour le battage du blé ; etc. » D'autres achètent une marchandise d'un négociant et la vendent à un autre avant le payement. Tout cela est défendu, et la mise à exécution n'en est pas permise.

Le devoir du muhtasib est de surveiller les marchands dans tout cela, d'examiner leurs poids et leurs aunes, de les empêcher de se mettre d'intelligence

[1] Buchari, ms. de Vienne, etc.

avec les crieurs et les courtiers, et d'avoir soin qu'ils entretiennent un bon commerce et un bon traitement avec les acheteurs et les porteurs de marchandises, et qu'ils observent la bonne foi dans toutes leurs transactions.

CHAPITRE XXII.

INSPECTION DES COURTIERS ET DES CRIEURS PUBLICS POUR LES VENTES.

Il faut faire pour cela un choix d'hommes honnêtes et sûrs parmi les adhérents de l'islamisme, qui soient consciencieux et amis de la véracité dans leurs paroles; ils reçoivent des marchandises pour les vendre. Il ne convient pas à aucun d'eux de hausser le prix de la marchandise à leur profit, ni de trafiquer pour leur propre compte. Ils ne doivent pas encaisser le prix d'une marchandise sans l'ordre du propriétaire. Il y en a qui vont chez les fabricants d'étoffes et chez les tisserands, et leur donnent de l'or à crédit, et stipulent avec eux qu'ils ne vendront rien de leurs marchandises, si ce n'est à eux seuls. Cela est défendu; car l'emprunt donnerait des profits. Dès que le crieur a découvert un défaut dans la marchandise, il doit le faire connaître à l'acheteur et l'aider dans la connaissance de ce défaut. Le devoir du muhtasib est le contrôle des hommes de cette profession dans tout ce que nous avons mentionné, et d'examiner leur situation dans ces choses.

CHAPITRE XXIII.

INSPECTION DES TISSERANDS.

Le muhtasib leur ordonne de bien faire le travail de la toile et sa fermeté, d'étendre sa longueur et sa largeur jusqu'aux limites convenues, de veiller à la finesse du fil de coton et à la purification de la croûte noire avec une pierre noire et dure. Il les détourne de frotter la toile avec la farine et le plâtre rôti au temps qu'ils font son tissu; car cela voile les bordures, de manière à présenter les apparences d'une pièce d'étoffe dure et ferme; et c'est une tromperie. Si quelqu'un tisse un habit de feuilles d'arbres ou de pièces de fer noué, il le vendra séparé des autres étoffes; autrement ce serait une tromperie. Il y en a qui tissent la surface de la toile avec des fils de coton neufs et conservés, et qui tissent l'autre partie avec des fils grossiers et composés de feuilles. L'inspecteur doit observer sévèrement ces personnes et les contrôler dans ces manœuvres.

CHAPITRE XXIV.

INSPECTION DES TAILLEURS.

Ils doivent tailler bien[1] et nettement les pièces d'étoffe et faire bien les ouvertures des poches. Avant

[1] التفصيل. Cf. Sacy, *Chrestomathie arabe*, I, 86, et *Mille et une Nuits*, II, ٢٥٩ et suiv.

de tailler l'habit, ils auront soin de prendre mesure; ce n'est qu'alors qu'ils pourront couper; si l'étoffe est d'un grand prix, comme la soie et le brocart, ils ne doivent la recevoir qu'après l'avoir pesée; et, quand ils l'ont cousue, ils doivent la rendre sous sa nouvelle forme à son propriétaire avec ce poids. Le muhtasib doit les observer et prendre garde qu'ils ne volent dans les marchandises et les étoffes. En effet quelques-uns ne se font pas scrupule de bourrer les habits de soie ou d'une étoffe analogue avec une poignée de sable, et s'approprient une partie de l'étoffe. Ils ne doivent pas se charger d'un travail qui prendrait plus d'une semaine, ni travailler trop longtemps pour un de leurs chalands[1].

CHAPITRE XXV.

INSPECTION DES MARCHANDS D'ÉTOFFES DE COTON. (CARDEURS DE COTON.)

Les marchands d'étoffes de coton ne doivent pas mêler le coton neuf avec le vieux, ni le rouge avec le blanc. Ils auront soin de carder le coton à plusieurs reprises, jusqu'à ce que la croûte noire s'en aille et que le grain soit brisé; car si le grain y reste, il in-

[1] Le manuscrit arabe de la Refaiya termine ainsi ce chapitre : «Les faiseurs de kob (الاقباع, voyez Dozy, *Dictionnaire*, p. 344-347) et des petites calottes (Dozy, *l. l.* 280-291, طاقية, pl. طواقي, d'où vient le mot *toque*) et d'autres bonnets ou couvertures de la tête ne doivent en faire que des neufs; il leur est défendu d'employer des lambeaux usés ou rafraîchis par l'amidon et l'ischrâs; car ce serait une tromperie.»

flue sur le poids, et s'il tombe sur un manteau ou sur une djobbah (robe de dessus doublée et ouatée voy. Dozy, *Dictionnaire*, p. 107-117) ou sur un kabâ (Dozy, *l. l.* 352-362), les souris les rongent. Il y a des hommes, qui cardent le coton rouge mauvais; alors ils le placent dans la partie la plus inférieure du peloton (الكبة), et le couvrent avec du coton blanc nettoyé; la fraude ne se manifeste que lorsqu'on tire le coton en fils. Quant aux cardeuses, le muhtasib leur défend de s'asseoir aux portes de leurs boutiques pour attendre la fin de leur travail; de plus il défendra aux hommes de causer avec elles [1]. Il défen-

[1] Cf. dans ma traduction allemande du livre des *Quarante vizirs*, le conte du visir XVe (p. 173 s.), sur la femme du tailleur et le cardeur de coton. Le sultan Mahmoud II a rendu, il y a quelques années, une ordonnance analogue. Depuis longtemps, à Constantinople, les vendeurs de quincailleries (تخفجی), de souliers pour les femmes (*jeminigi*), de draps (چوقه‌جی) et d'épiceries (اجزاجی), faisaient asseoir devant leurs boutiques des commis jeunes, revêtus de bonnets rouges (*schuruta*) ou de kalpaks, et aussi leurs fils, qui entretenaient des relations mystérieuses où l'on donnait rendez-vous aux femmes; la plupart même avaient dans leurs boutiques des magasins ou cabinets secrets, où les femmes entraient pour le trafic. De plus on s'est aperçu que les femmes, à Galata et à Péra, se permettaient d'entrer dans les boutiques dans lesquelles on vend des glaces pour en manger; c'est pourquoi, dis-je, le sultan crut devoir mettre ordre à cette affaire et ordonna d'avoir l'œil sur les femmes. Ces marchands doivent, puisqu'ils ont été jadis et toujours honnêtes, éloigner désormais de leur service les jeunes garçons revêtus de la schuruta ou kalpaks, soit arméniens, soit grecs, juifs ou de quelque autre religion; les maîtres doivent prendre pour leur service, s'ils en ont besoin, des hommes honnêtes du même âge qu'eux-mêmes. L'entrée des magasins et des cabinets secrets est tout à fait interdite aux femmes; si elles ont quelque chose à dire, elles doivent le faire en dehors et en marchant; elles ne doivent pas entrer dans les bou-

dra à ceux-ci de mettre le coton, après l'avoir cardé, dans des endroits humides; car cela augmenterait son poids. C'est une tromperie que chacun d'eux commet et que le muhtasib doit réprimer.

CHAPITRE XXVI.

INSPECTION DES MARCHANDS D'ÉTOFFES DE LIN.

Le meilleur lin est l'égyptien bordé, et sa qualité la plus supérieure est fine et composée de fils subtils; sa qualité la plus inférieure est courte et rude au toucher : les marchands ne doivent pas mêler la bonne qualité avec la qualité inférieure, ni le lin de Naplouse avec celui de l'Égypte. Quelques-uns mêlent العقد اس, c'est-à-dire le suc qui sort de la surâka, avec le lin mince, après qu'il est peigné : tout cela est une tromperie. Défense aux femmes de s'asseoir aux portes de leurs boutiques, comme nous l'avons exposé dans le chapitre précédent.

CHAPITRE XXVII.

INSPECTION DES MARCHANDS DE SOIE.

Ils ne doivent pas préparer la soie avant son blanchissement, de peur qu'elle ne s'altère après cela; s'ils le font, c'est afin qu'elle augmente de poids.

tiques des marchands de quincailleries; elles peuvent seulement prendre ce dont elles ont besoin sur les tablettes qui donnent sur la rue et placer en dedans le prix. Aucune femme ne doit s'approcher des boutiques dans lesquelles on vend des glaces.

Quelques-uns rendent la soie lourde avec l'amidon préparé; il y en a d'autres qui la font lourde avec la graisse (du beurre) ou l'huile d'olive; d'autres encore emploient dans sa préparation des liens et nœuds d'autres choses. Le muhtasib doit réprimer tout cela.

CHAPITRE XXVIII.

INSPECTION DES TEINTURIERS.

La plupart des teinturiers de la soie rouge et d'autres substances, comme le fil de coton, emploient dans leurs boutiques le henna au lieu de la fouwwa (garance, *rubia tinctorum*[1]), et ils en tirent la teinture dans un beau et éclatant état; si le soleil la frappe, sa couleur s'altère et perd son éclat. Il y en a qui teignent les étoffes en couleur noirâtre, avec la noix de galle et le vitriol (زاج); s'ils veulent les teindre en collyrium noir (كحليًّا), ils les mettent dans l'auge (خابية), afin qu'elles en sortent pures en couleur et d'un noir foncé; mais au bout de peu de temps la couleur s'altère et la teinture s'affaiblit. Tout cela est une tromperie. Le muhtasib doit l'empêcher. Les teinturiers feront bien d'écrire sur les habits des hommes leurs noms à l'encre, afin qu'aucun habit ne soit pris pour un autre. En effet, la plupart des teinturiers, dans les jours de foires, de fêtes et de réjouissances prêtent les habits des hommes et les donnent à loyer à celui qui veut s'en habiller ces

[1] Voy. Ibn-Baitar, II, 266.

jours-là et s'en parer; c'est un acte de mauvaise foi. Le muhtasib a le devoir de les détourner de ces actions et de les contrôler dans tout ce qu'ils font; les substances avec lesquelles ils falsifient la teinture seront soumises à l'inspecteur de ce genre d'industrie.

CHAPITRE XXIX.

INSPECTION DES CORDONNIERS.

Ils doivent rendre les coutures des fils très-solides par une torsion double; qu'ils ne les prolongent pas plus d'une aune; s'ils tiennent les fils plus longs que cela, ils sortent, et leur solidité cesse; ils deviennent trop faibles pour maintenir la chaussure. Ils ne doivent pas la coudre [1] avec des poils de cochons; ils emploieront de préférence des filaments de palmier [2] ou des poils de la bouche du renard, qui en tiennent lieu. Il ne leur est pas permis d'employer du papier ni de la laine ni d'autres choses pour feutrer les bottines (les khoffs) des femmes [3], vu qu'elles blesseraient leurs pieds durant la marche, comme cela arrive aux femmes de Bagdad qui ont coutume de les porter; cet usage est

[1] خرز, coudre en faisant d'abord des trous avec l'alène pour passer le fil.

[2] ليف, *lif*, cf. Sacy, *Chrest. ar.* I, 86. *Abd-Allatif*, 288, note 142.

[3] Dozy, *Dictionnaire*, 155, s. Le manuscrit arabe de la biblioth. Refaiya cite les سقامين, plur. de سقمان, *bottine* portée sur les khoffs. (Voy. Dozy, *l. l.* p. 209.)

indécent et ne convient point aux femmes des hommes libres. Le muhtasib doit y mettre opposition.

CHAPITRE XXX.

INSPECTION DES CHANGEURS DE MONNAIE[1].

La tromperie dans le change est un péché contre la religion, ou plutôt la religion n'est pas compatible avec elle. Il est nécessaire que personne ne se fasse changeur qu'après avoir avoir appris les préceptes respectifs de la loi, afin qu'il évite le danger de tomber dans une action qui est défendue; le muhtasib a le devoir d'examiner le marché des changeurs et d'être à l'affût de leurs nouvelles. S'il en surprend un qui prend trop d'usure, ou qui fait dans le change quelque chose illicite, il le châtie et le chasse du marché. Il n'est pas permis de vendre de l'or pour l'or, ni de l'argent pour l'argent, mais seulement le même pour le même, gage pour gage; s'il prend un surplus sur le même ou une différence avant l'encaissement, il est en faute. Lorsqu'il s'agit de vendre de l'or pour de l'argent, le changement en une monnaie prééminente est permis; mais le crédit et la différence dans la monnaie avant l'encaissement sont défendus. La vente du pur pour le falsifié n'est pas permise, ni celle du falsifié pour le falsifié, soit

[1] Avant de lire ce chapitre, on fera bien de lire ce que M. de Sacy a dit dans sa *Chrestomathie arabe*, t. I, p. 247 et suiv. (Note de M. Reinaud.)

de l'or, soit de l'argent, comme la vente des dinars égyptiens pour les dinars de l'Euphrate ou celle des dinars de Syrie[1]. Il n'est pas permis de vendre un dinar entier pour un dinar coupé, à cause de la différence du prix et de la qualité, ni un dinar ghazâni (du gouvernement du sultan Ilkhanien Ghazan en Perse) pour un dinar sapourî (du roi Sapor des Sassanides de la Perse ancienne), à cause de la différence du titre et de l'empreinte. Il n'est pas permis de vendre un dinar et un habit pour deux dinars; si quelques changeurs de monnaie et quelques marchands d'étoffes (البزاز) font cela, ils s'y prennent d'une certaine manière; ils donnent un dinar à crédit et vendent un habit pour deux dinars, de manière qu'il leur revient trois dinars au terme fixé. Ce procédé est irrégulier; car c'est un crédit qui donne un profit. En effet, l'on n'aurait pas acheté l'habit pour deux dinars, s'il n'avait pas été fait crédit d'un dinar. Il y en a qui achètent des dinars avec des dirhems ou des *assignats européens* (القراطيس الافرنجية), et ils disent au vendeur : « Un de tes débiteurs me les a apportés afin que tu sois dispensé de les changer en argent comptant ou de les peser; pour moi

[1] Sur l'expression الدنانير الصّورية, cf. Stickel, *Journal de la Société orientale de l'Allemagne*, t. VIII, p. 837-839. M. Stickel, dans ce passage, a entendu par ces dinars la monnaie d'or des Byzantins. En effet, les musulmans n'hésitèrent pas à faire usage des monnaies d'or chrétiennes pendant les croisades, depuis la fin du XIIe siècle jusqu'à la fin du XIIIe, dans les contrées où ils avaient un commerce fréquent avec les chrétiens.

je m'en suis chargé pour une très-petite somme.» Ils profitent en cela de l'ignorance des autres; tout cela est défendu et l'exécution n'en est pas permise. Le muhtasib a le devoir de contrôler ce commerce dans tout ce que nous avons mentionné et dans tout ce que nous n'avons pas encore mentionné dans ce chapitre. Il doit peser la monnaie d'après quatre poids (مثقال); si les pièces présentent de la différence, il en résulte un manque manifeste; c'est pourquoi il y a beaucoup de changeurs de monnaie qui ne veulent pas les prendre pour leur compte : par exemple, s'ils ont à payer à quelque personne plus de quatre dinars, ils lui donnent pour la première fois quatre dinars et le reste dans un autre temps. Le contrôle des poids a été traité dans un chapitre précédent (chap. III).

CHAPITRE XXXI.

INSPECTION DES ORFÈVRES.

Ils ne vendront les vases d'or et d'argent, et les bijoux façonnés que pour une chose qui n'appartient pas à ce genre; alors le change d'une chose plus éminente sera permis; s'ils le vendent pour un objet de même genre, le change pour un article meilleur, ainsi que le crédit et le change des articles différents avant le payement, est défendu, comme il a été dit dans le chapitre précédent, à propos du change des monnaies. S'ils vendent quelque bijou falsifié, l'acheteur doit employer ses efforts pour s'informer du prix de la falsification, afin qu'il en soit tenu compte; s'ils veulent façonner un bijoù pour une personne, il ne leur est permis de le mettre dans le creuset qu'après que le poids en a été constaté en présence du propriétaire; après la fonte on le pèsera de nouveau. Il est constant que les tromperies des orfévres et leurs différentes manières de falsifications sont déguisées de manière à ne pouvoir pas être aisément découvertes; rien n'en détourne, que l'honnêteté et la religion. L'orfévre reconnaît aisément, dans les parures et les bijoux façonnés, ce que d'autres personnes n'y pourraient pas découvrir. En effet, il y a des hommes qui teignent l'argent d'une teinture dont le corps ne se dissout qu'après la fonte dans le creuset (الروباص); leur but est de mêler avec de l'or une partie d'or sur deux parties d'argent. Au même système se rattache la manœuvre de lui donner une couleur jaunâtre : on prend du plâtre (سارنج) qui est déjà rôti, de l'or, et de l'antimoine (راسخت) qui a été rôti sept fois, avec de l'eau d'orange douce fade (ترنج), du vitriol et du vermillon rôtis dans de l'eau de l'aigle noir (ماء العقاب) dissoute dans une retorte; tout cela se réunit après avoir été râpé; après cela on le rôtit entre deux verres, avec l'eau d'orange douce fade mentionnée et avec l'eau de l'aigle noir dissoute sept fois; après quoi la matière se coagule en une pierre rouge comme le sang; de cette pierre une drachme est donnée sur dix drachmes d'une couleur blanchâtre, qui la change dans un éclat de la qualité et du prix de seize drachmes. Si cette pierre rouge est dissoute, elle devient ferme, et se manifeste comme une lune de couleur blanchâtre, dans le prix de vingt drachmes, dont on peut faire ensuite ce qu'on désire.

Ils préparent quelquefois des écumes et des sucreries par des procédés dont l'explication serait trop longue; je craindrais d'ailleurs que ces explications ne suggérassent de mauvaises pensées aux hommes qui n'ont pas de religion.

Le devoir de chaque musulman est la crainte du Dieu excellent, qui défend de tromper ses confrères par ces falsifications ou d'autres artifices. Si le muhtasib rencontre quelqu'un qui se soit rendu coupable de ces délits, qu'il le châtie et qu'il le signale à ses compatriotes.

Il n'est permis de vendre la poussière des boutiques des orfévres ni leurs cendres, que pour des oboles, ou pour un échange qui n'est pas des oboles ni des dirhems; car, puisque l'or et l'argent s'y trouvent, cela conduirait à l'usure.

CHAPITRE XXXII.

INSPECTION DES CHAUDRONNIERS ET DES FORGERONS.

Il ne leur est pas permis de mêler le cuivre avec la composition (حبق) qui provient des orfévres et des fondeurs d'argent; ce mélange rendrait le cuivre dur et en augmenterait la sécheresse; si une écuelle ou un mortier est évacué, il se casse comme un verre. Il vaut mieux ne pas mêler le cuivre cassé des vases et d'autres ustensiles avec le cuivre du Maghrib non encore préparé; que chacun de ces deux cuivres soit fondu à part et employé séparément.

Les forgerons ne doivent pas battre un couteau, ni des ciseaux, ni une alène, ni tout autre instrument tranchant ou pointu, et les vendre comme s'ils étaient d'acier, car ce serait une tromperie, ni mêler des clous retapés par les marteaux avec les clous battus à neuf.

CHAPITRE XXXIII.

INSPECTION DES ARTISTES VÉTÉRINAIRES.

L'art vétérinaire est une science sublime, que les médecins ont décrite dans leurs livres, et sur laquelle ils ont composé divers ouvrages [1]; mais il est d'une application plus difficile pour les maladies des bêtes que pour les maladies des hommes; car les bêtes n'ont pas de langage articulé par lequel elles puissent exprimer la nature de leur mal, et l'on n'est guidé, pour leurs maladies, qu'en les tâtant et en les regardant; ainsi l'artiste vétérinaire doit se borner à sa diagnose, et l'aspect d'une maladie des bêtes et leur traitement ne peuvent être confiés qu'à un homme très-expérimenté.

L'artiste vétérinaire doit être initié aux maladies des bêtes et posséder toutes les connaissances nécessaires pour leur traitement. L'auteur d'un ouvrage

[1] La Bibliothèque impériale de Vienne possède sur cette matière plusieurs ouvrages orientaux en manuscrit.

sur l'art vétérinaire a mentionné jusqu'à trois cent vingt de ces maladies.

Le vétérinaire se borne à la connaissance de ces maladies, à celle de leur traitement et à la raison pour laquelle ces maladies arrivent. Ces maladies se divisent en deux genres : une maladie qui paraît dans la bête et devient un défaut perpétuel, ou bien ce défaut n'est que momentané. Si cela ne devait pas me mener trop loin, j'en donnerais une explication d'une manière générale et en détail.

Le muhtasib ne doit pas négliger d'examiner et de contrôler le vétérinaire dans les choses de sa profession, dans l'intérêt même de l'art vétérinaire.

CHAPITRE XXXIV.

INSPECTION DES VENDEURS D'ESCLAVES ET DE BÊTES DE SOMME.

Le vendeur d'esclaves doit être un homme honnête et digne de confiance, connu par sa chasteté et son abstinence; car il fait métier de vendre les servantes et les esclaves mâles, et quelquefois il reste seul avec eux dans son domicile. Il convient qu'aucun esclave, féminin ou masculin, ne soit vendu qu'après que le marchand s'est assuré du vendeur, ou que celui-ci a conduit chez lui quelqu'un qu'il connaît; alors il écrit le nom et la qualité du vendeur sur sa liste, afin que la personne vendue ne soit pas une femme libre ou un homme qui en suit un autre ou un homme volé; ce n'est que dans ces cas que le marchand peut les prendre. S'il veut acheter une servante, il lui est permis de la regarder au visage et sur les deux mains; mais s'il s'agit d'examiner son corps et de se trouver seul avec elle, le marchand ne le peut pas, excepté dans le cas où des femmes sont chez lui, qui alors examinent tout son corps. S'il veut acheter un servant, il peut le regarder au-dessus du nombril et au-dessous des genoux; mais tout cela n'est nécessaire qu'avant la ratification de la vente; car, après cela, il lui est permis d'envisager le corps tout entier de la servante. Il ne lui est pas permis de séparer de la servante ses enfants au-dessous de sept années, ni de vendre la servante ou l'esclave, s'ils sont musulmans, à une personne d'entre les zimmis (juifs ou chrétiens); et, dès qu'il s'aperçoit d'un défaut dans la personne qu'on lui a vendue, il le doit annoncer à l'acheteur, comme nous l'avons mentionné ci-dessus.

Il convient que le marchand soit attentif aux défauts et initié aux maladies et aux accidents de tout genre. S'il désire vendre un esclave, il peut regarder tout son corps, excepté les parties naturelles, et l'examiner, afin qu'il n'y ait pas en lui un défaut ou un accident qu'il ne puisse faire connaître à l'acheteur. Si l'esclave incline à la couleur jaunâtre ou grise comme la poussière, c'est signe d'une maladie ou indisposition dans le foie ou la rate, ou des hémorrhoïdes. Il ne convient de prendre possession d'une bête de somme qu'après qu'on s'est assuré du vendeur, ou que celui-ci a mis en avant une personne connue, comme nous l'avons dit ci-devant.

CHAPITRE XXXV.

INSPECTION DES BAINS ET DE LEURS INTENDANTS.

Nous citons dans ce chapitre, comme dans le précédent, des choses qui ne sont pas strictement du ressort de la Hisba; nous les citons uniquement à cause de l'utilité générale de leur connaissance; car la sagesse fait égarer tous les sages, et la leçon est bonne là où on la trouve. Quelques médecins ont dit que le meilleur des bains est celui dont la construction est ancienne, dont l'air peut s'étendre largement, dont l'eau est agréable, et dans lequel le chauffage est réglé d'après l'humeur de celui qui y veut descendre.

PREMIÈRE SECTION.

On sait que l'organisation naturelle du bain est le chauffage par son air et l'humectation par son eau; le premier cabinet doit être frais et humecté, le second chauffé à une température modérée et humecté, et le troisième chauffé et sec. Le bain contient des profits et des dommages; ces profits sont ceux-ci : il dilate les ouvertures du corps comme les narines, la bouche, les orifices, les oreilles; il fait évacuer les humeurs nuisibles, et contribue à la dissolution des vents; il arrête les ordures, si elles sont atténuées par l'effet de la diarrhée, et chaque saleté se purifie; la gratelle et la gale invétérées disparaissent; il rafraîchit le corps, facilite la digestion, etc. mais il rend le corps lâche, diminue la chaleur du corps, si l'on y reste trop longtemps; il ôte l'appétit, etc. Le plus grand danger est lorsqu'on verse de l'eau chaude sur les membres faibles.

IIe SECTION.

Le devoir du muhtasib est de faire laver les bains, de les maintenir propres et de renouveler l'eau. L'eau doit être pure, et l'on ne peut employer l'eau des ablutions. Les employés doivent recommencer cela plusieurs fois par jour, et frotter le pavé avec des choses dures, afin que la violette, la guimauve et le savon, ne s'y attachent pas; autrement les pieds des hommes y glisseraient. L'intendant du bain doit brûler de l'encens deux fois par jour, principalement s'il se met à laver le bain, et le nettoyer avec des balais. Il n'est pas permis à une personne attaquée de l'éléphantiasis ou de la lèpre d'entrer dans le bain. Le bain doit être pourvu de vêtements et de voiles, qu'on donne moyennant une rétribution aux hommes, ou qu'on leur prête (يعيرها); car les étrangers et les faibles en ont besoin. Le muhtasib veille à ce que les bains soient ouverts dès l'aube, afin que chacun puisse s'y purifier avant la prière. Les habits sont confiés à la garde d'un commis (ناظور), et si quelque habit se perd, le garde est obligé d'en remettre l'équivalent. Tel est l'avis de l'imam Schâfeï.

IIIe SECTION.

Le coiffeur ou barbier doit être léger et d'une taille svelte, versé dans son métier; son rasoir doit être neuf et tranchant; il ne lui est pas permis de manger quelque chose qui altère l'aspiration de sa bouche, comme l'oignon, l'ail, le poireau ou d'autres choses qui leur ressemblent, de peur que l'odeur de sa bouche ne soit une gêne pendant qu'il rase. Il convient qu'il arrange le front et les deux tempes d'une manière décente pour l'attitude de la personne, qu'il ne rase pas un poil d'un enfant, si ce n'est avec le consentement de son tuteur, et qu'il ne rase pas la joue d'un jeune homme chez qui les poils commencent à pulluler, ni la barbe d'un homme impuissant au coït. Le frotteur du bain doit frotter sa main contre des écorces de la pomme de grenade, afin qu'elle devienne dure. Le muhtasib l'empêche de faire usage pour le frottement de fèves et lentilles dans le bain; c'est un cosmétique qui n'est pas permis.

IVe SECTION.

Le muhtasib doit examiner le bain tous les jours plusieurs fois, et le contrôler dans les choses que nous avons mentionnées. S'il rencontre quelqu'un qui laisse voir ses parties naturelles, il le doit châtier; car il est défendu de les dévoiler, et le Prophète a maudit celui qui regarde cet endroit et celui qui le laisse voir.

CHAPITRE XXXVI.

INSPECTION DE CEUX QUI SAIGNENT (CHIRURGIENS) ET DES SCARIFICATEURS.

Personne ne doit se disposer à saigner, si ce n'est celui qui est versé dans la connaissance de l'anatomie des membres, des veines, des muscles, des artères et de leur composition et de leur qualité; c'est afin que la lancette ne tombe pas sur un autre membre que le membre qu'on a en vue, et ne cause pas une aggravation de la maladie et même la mort. En effet, la plupart des hommes meurent par suite de quelque méprise de ce genre. Celui qui veut se livrer à la saignée peut l'apprendre d'un homme qui exerce sa main à saigner les veines qui se trouvent dans les os des hanches (عروق السلاق), jusqu'à ce que sa main soit devenue droite et habile. Il convient que celui qui saigne s'abstienne d'une profession grossière, qui conduit les bouts des doigts à la dureté et rend l'opération du serrement des veines difficile; il doit se pourvoir d'une bourse pleine de collyres corroborants et de purgatifs salutaires connus sous le nom de الايارجات [1], pour le cas où quelqu'un

[1] Cf. Ibn Sina, édition de Rome, p. 190 : الايارج هو اسم للمسهل المصلح هذا تاويله وتفسيره الدواء الالهى ،

en aurait besoin. Il ne doit pas saigner un esclave où un serviteur sans la permission de son maître, ni aucun enfant, si ce n'est avec le consentement de son tuteur, ni une femme enceinte ou qui ait ses règles. Le muhtasib exigera de lui, sous la foi du serment, qu'il s'abstiendra de saigner dans certains cas, au nombre de dix, et, qu'en général il procédera avec la plus grande précaution, et seulement après la consultation des médecins. Les dix cas d'abstention sont : 1° l'âge au-dessous de quatorze années; 2° l'âge de la vieillesse; 3° les corps très-effilés; 4° les corps très-gras; 5° les corps éparpillés; 6° les corps blancs, dont les chairs sont tremblantes; 7° les corps jaunes, à qui le sang manque; 8° les corps qui se sont affaiblis à la suite de maladies très-longues; 9° l'humeur très-froide; 10° une forte douleur. Dans ces dix cas, la saignée est interdite. Il y a de plus cinq situations dans lesquelles les médecins défendent de saigner, et les inconvénients de ces situations dépassent ceux des dix humeurs ci-devant citées : la première situation est la saignée après la cohabitation; 2° après qu'on a pris un bain chaud, qui provoque la sueur dans le moment du rassasiement; 3° dans le moment où l'estomac et les intestins sont remplis; 4° dans l'indigestion; 5° dans la forte chaleur et le grand froid. Dans ces cinq situations, la saignée doit être évitée. En outre, la saignée a deux temps, un temps arbitraire et un temps nécessaire : l'arbitraire est l'avant-midi, après la digestion complète et après qu'on est allé à la garde-robe (الغايط); le temps nécessaire est celui où une saignée est devenue indispensable, et où l'on est obligé de passer par-dessus les inconvénients. Celui qui s'est fait saigner ne doit pas se charger de mets; qu'il se borne à prendre lentement sa nourriture en petite quantité, et qu'il ne fatigue pas son esprit par quelque étude et quelque occupation.

Annabrawi raconte qu'il n'avait pas vu dans l'art de saigner des personnes plus ingénieuses et plus habiles que deux chirurgiens d'Alep; chacun des deux se vantait d'être d'une plus grande habileté que son compagnon; l'un était vêtu d'une *ghilalah*[1]; il liait alors fermement sa main au-dessus de sa ghilalah, il se plongeait dans un étang et saignait sa main sur la surface de l'eau au-dessus de sa robe; l'autre saignait sa main en saisissant la lancette avec le pouce de son pied gauche. La répétition de la saignée au temps de l'hiver est très-convenable, afin que le sang ne s'épaississe pas.

Les veines propres à la saignée sont nombreuses, telles sont les veines de la tête, les veines du ventre, les veines des deux mains, les veines des deux pieds et les veines des artères (vaisseaux sanguins). Le muhtasib fera subir un examen à ceux qui saignent, pour s'assurer qu'ils ont une connaissance anatomique des veines et des muscles et artères qui les avoisinent.

Parmi les veines, il y a les deux qui se trouvent

[1] Voyez, sur ce vêtement, Dozy, *Dictionnaire des vêtements des Arabes*, p. 319 et suiv.

derrière les oreilles, et qu'on saigne pour ôter les rejetons [1]. Le muhtasib doit exiger du chirurgien, sous la foi du serment, qu'il ne saignera aucune de ces veines; car cela détruit la race, et la destruction de la race est défendue.

A l'égard de la scarification (حجامة), elle a de grands avantages, et elle présente des dangers plus petits que la saignée. Il convient que le scarificateur soit léger, d'une taille svelte et exercé dans son métier, de manière que sa main soit légère et habile dans les scarifications (شروط), et qu'il applique à propos les ventouses. L'application de la ventouse doit être légère et commode, et l'on devra la retirer légèrement. Le muhtasib examinera le scarificateur par une feuille qu'il attache sur une autre et qu'il lui commande de scarifier. Si l'opération rencontre des difficultés, c'est un signe que le scarificateur est maladroit dans son métier. La marque de l'habileté du scarificateur et la légèreté de sa main se reconnaissent à ce que le scarifié ne sent pas de douleur.

Les médecins regardent la scarification comme inopportune dans le commencement du mois, et à la fin, parce que les humeurs ne sont pas en agitation et en irritation dans le commencement du mois, et qu'elles manquent de vigueur à la fin. Le temps de la scarification est dans le milieu du mois, lorsque la lumière de la lune est dans son éclat et que les humeurs sont saines; le moment le plus commode est à deux ou trois heures du jour.

[1] قطع النسل « ôter la race. »

La scarification présente des avantages pour la cavité qui se trouve à la partie inférieure de l'occiput et remplace la saignée de la veine médiane; elle est utile contre la lourdeur des os au-dessous de l'œil, là où poussent les sourcils, contre la gale des deux yeux et la vapeur et l'haleine désagréables de la bouche, à moins qu'elle ne produise l'oubli, comme le Prophète l'a dit : « La partie inférieure de la cervelle[1] est le siége de la mémoire, et celle-ci est affaiblie par la scarification. » La scarification de la médiane correspond à la saignée de la basilique, et guérit les douleurs de l'épaule et de la gorge, si elle n'affaiblit pas le péricarde. La scarification des deux veines du cou est correspondante à la saignée de la céphalique, et est efficace pour le visage et les dents, ainsi que pour les deux yeux, les deux oreilles, la gorge, le nez, etc. La scarification au-dessous de la barbe est utile pour le visage, les dents et le gosier. La scarification du sommet de la tête profite contre le trouble de la raison et le vertige, et retarde la canitie des cheveux. La scarification aux deux cuisses profite contre les douleurs des testicules, les blessures des cuisses, des jambes, etc.

CHAPITRE XXXVII.

INSPECTION DES MÉDECINS, DES OCULISTES ET DES CHIRURGIENS.

La médecine est une science d'expérience et d'intuition immédiate, une science dont la profession

[1] *De la tête*, (Manuscrit arabe de Vienne.)

est permise par la loi. L'objet de cette science est le rétablissement de la santé et le détournement des maladies et indispositions de notre corps. Le médecin doit être initié à la composition du corps, à l'humeur des membres, aux maladies qui les attaquent, aux médicaments salutaires contre elles, et à la manière de les traiter, afin qu'entre les maladies et les médicaments il y ait un équilibre parfait. Celui qui n'est pas préparé ainsi n'a pas le droit de traiter les malades, et il ne lui est pas permis de se charger d'un traitement dans lequel il pourrait risquer quelque chose en contradiction avec la science. Il est intéressant d'écouter le récit fait par Annabrawi sur les anciens Grecs; il s'exprime ainsi : « On raconte que les Grecs choisissaient dans chaque ville un médecin renommé par son savoir [1]; les autres médecins de la ville lui étaient présentés pour être examinés par lui [2]. A celui qu'il trouvait médiocre dans ses connaissances, il recommandait d'étudier la science avec plus d'empressement et lui défendait de traiter les malades. Le médecin qui entrait chez le malade lui demandait la raison de sa maladie et de la douleur qu'il sentait; après quoi il lui ordonnait un régime (قانونًا) pour les boissons et autres choses; il avait soin d'écrire sur un billet ce que le malade lui avait dit et ce dont lui, médecin, avait ordonné de faire usage. Si le malade était rétabli

[1] De même à Rome. (Cf. Pauly, *Encyclopädie der klass. Alterthumskunde*, t. IV, p. 1701-1702, article *Medicina*.)

[2] Cf. Aristot. *De Republ.* III, 10. Pauly, *l. l.* 1694.

dans sa santé, le médecin recevait ses honoraires en récompense; mais si le malade mourait, le médecin et les gardes du malade se rendaient chez le premier médecin et lui remettaient les billets qui avaient été successivement écrits. Si le *protomedicus* trouvait les ordonnances justes et conformes aux règles de l'expérience, de sorte que le traitement n'avait rien eu d'exagéré ni de défectueux, il leur disait : « Le défunt est mort par la volonté du sort, et non par la faute du médecin. » Mais s'il trouvait le contraire, il disait : « Dans le traitement du défunt, c'est le médecin qui l'a tué par son inhabileté et son imprudence. » Les Grecs veillaient au maintien de ces nobles constitutions, au point que personne n'exerçait la médecine qui ne fût initié à tous ses secrets. Aussi l'on ne voyait pas de médecin agir avec négligence.

Il convient que le muhtasib oblige les médecins de s'en tenir à la norme d'Hippocrate, à laquelle tous les médecins ont rendu hommage, et conclue avec eux la convention qu'ils ne donneront à personne un médicament nuisible, qu'ils ne composeront pas un poison, qu'ils n'administreront pas aux femmes un médicament de nature à les faire avorter, ni aux hommes un médicament qui détruise la race; ils doivent détourner leur vue des femmes, lors de leur entrée chez les malades, et ne pas divulguer les secrets des familles.

Le médecin doit posséder tous les instruments nécessaires à son métier : tels sont deux tenailles pour les dents, les instruments de fer propres à imprimer des cautères contre la splénalgie, des lancettes pour les veines, en un mot, tous les instruments nécessaires pour l'exécution de son métier, et qui sont indépendants des instruments des oculistes et des chirurgiens, dont il sera parlé bientôt. Le muhtasib a le devoir d'examiner les médecins dans ce que Honaïn mentionne et a décrit dans son livre intitulé : محنة الطبّ (*La Calamité de la médecine*[1]). Galien a aussi écrit un « Examen des médecins » (ms. de Vienne : محنة الاطبّاء et celui de la Refaiya : امتحان الاطباء). Malheureusement il y en a à peine un qui remplisse strictement les conditions qui y sont exposées.

PREMIÈRE SECTION.

Les oculistes doivent aussi être examinés par le muhtasib sur l'ouvrage de Honaïn Ibn-Ishâk intitulé : *Les dix Traités de l'œil* (عشر مقالات فى العين). Celui qui comprend ce traité, qui a la connaissance des couches de l'œil, de ses trois humidités et de ses autres maladies secondaires; qui sait composer les collyres et les mixtures des plantes officinales, le muhtasib lui permet de se livrer au traitement des maladies d'yeux. Les oculistes des rues sont tels, qu'on ne peut pas se fier à la plupart d'entre eux, vu qu'ils n'ont pas de religion. Le muhtasib

[1] Le ms. arabe de la biblioth. Refaiya porte : الطبيب « du médecin ».

doit les empêcher d'être importuns dans le traitement des yeux. Quelques-uns, faisant usage pour les collyres de la gomme arabique et de l'amidon, leur donnent différentes couleurs : le rouge est teint avec la craie rouge (المغرة[1]), le vert avec le الكركم (le croc), le bleu d'Inde (النيل, cf Sprengel, *Hist. rei herbariæ*, I, p. 266, et Ibn-Sina, édit. ar. de Rome, p. 214), et le noir avec le charbon râpé. L'inspecteur de cette profession doit les contrôler dans tout cela.

IIe SECTION[2].

Il n'est permis à aucun des médecins remboîtants de se disposer à remboîter qu'après avoir acquis une connaissance complète et solide du traité sixième de l'ouvrage d'Azzahrâwi[3]. Ainsi il doit savoir le nombre des membres de l'homme (il y a deux cent quarante-huit os) et connaître la forme des os de chaque membre, sa figure et son volume, de sorte qu'il puisse les remboîter à leur place primitive et dans l'attitude dans laquelle ils se trouvaient avant qu'il y ait eu fracture ou luxation. Le muhtasib doit les examiner sur tout cela.

IIIe SECTION.

Les chirurgiens sont tenus de connaître l'ouvrage

[1] Le manuscrit arabe de la biblioth. Refaiya porte : الاسريقون.

[2] D'après le manuscrit de Leipzig.

[3] Cf. Albucasis Azzahrâwi, *De Chirurgia*, éd. Channing, p. 511-641.

de Galien connu sous le nom de قطاطيس, sur les blessures, et l'ouvrage d'Azzahrâwi sur le traitement des blessures et les emplâtres. Ils doivent savoir distinguer les membres de l'homme, les muscles, qui se trouvent en dedans, les veines, les artères et les fibres. Leur devoir est d'être pourvus de lancettes rondes pour la tête, pour les fesses et pour le trou des oreilles, d'une hache large pour le front, etc. Quelquefois ils se présentent chez le malade avec des os qu'ils ont chez eux, et ils les introduisent dans les blessures pour les en tirer ensuite, et faire croire que leurs médicaments les en ont fait sortir. Il y en a encore d'autres qui mettent sur les endroits blessés des médicaments et des emplâtres qui ne sont pas appropriés à la maladie, de sorte que la maladie se maintient longtemps et qu'ils se font donner tout ce qu'il leur plaît.

CHAP. XXXVIII.

INSPECTION DES PÉDAGOGUES ET DES INSTITUTEURS DES ENFANTS.

Il ne leur est pas permis d'enseigner les enfants dans les mosquées; car le Prophète a commandé qu'on tînt les mosquées libres des enfants; les enfants souilleraient les murailles, vu qu'ils ne s'abstiennent pas d'uriner, ni d'autres saletés. Qu'ils prennent pour leur enseignement des boutiques dans les rues et dans les bouts des marchés.

PREMIÈRE SECTION.

La première chose qui convient au pédagogue est qu'il enseigne aux enfants les surates courtes du Koran, après leur initiation à la connaissance des lettres et leur fixation par des figures; il avancera après cela, peu à peu, jusqu'à ce que l'esprit de l'enfant s'y soit familiarisé; alors il lui enseignera les dogmes des Sunnites et de la communauté (الجماعة[1]), puis les rudiments de l'arithmétique et la manière d'écrire une lettre; tout cela en proportion de la capacité de l'enfant; enfin il lui fera aborder les poésies, mais en lui interdisant les pièces inconvenantes. Le soir, il lui apprendra à imiter l'écriture des bons modèles et lui imposera la récitation par cœur de ce qu'il lui a dicté dans la journée. L'enfant qui a dépassé sept années est obligé de faire sa prière avec le peuple; car le Prophète a dit: « Instruisez vos enfants dès l'âge de sept ans, et battez-les pour leurs omissions jusqu'à quatorze ans. » Le pédagogue insinue aux enfants la piété envers leurs père et mère, et l'obéissance à leurs ordres; il doit les frapper pour les mœurs mauvaises, l'obscénité dans les paroles, et d'autres choses contraires à la loi, comme le jeu des dés et des œufs, la promenade oisive et tous les genres de jeux de hasard; mais il ne lui est pas permis de frapper un enfant avec des bâtons durs qui

[1] Voy. le *Tableau de l'Empire Ottoman*, de Mouradgea d'Ohsson, t. I. (Note de M. Reinaud.)

brisent les os, ni avec des bâtons minces qui blessent le corps : le bâton doit être d'une qualité moyenne. Pour le fouet, il doit être de courroies larges, qui s'appliquent au gras des jambes, aux cuisses et aux parties inférieures des deux pieds; ces endroits sont constitués de manière qu'on n'a pas à y redouter un dommage, ni un malheur.

IIe SECTION.

Il ne convient pas que le pédagogue se mette au service d'un enfant dans ses besoins ni dans les occupations où il y a de la honte à l'égard de son père, comme le transport du fumier, des pierres et d'autres choses. Il ne doit pas l'amener dans une maison vide, de peur que quelque soupçon ne tombe sur lui, ni l'envoyer chez une femme pour écrire une lettre, ni l'adresser à des personnes suspectes qui pourraient abuser de son innocence. Son devoir est d'être un guide honnête et digne de confiance, qui mérite, par sa conduite affable, l'estime des familles. En effet, il est chargé des enfants à la place des parents, depuis le matin jusqu'au soir. Il ne lui est pas permis d'initier une femme ni une esclave à l'écriture, vu que cela appartient aux choses qui rendent la femme pire. On a dit que la femme qui a appris l'écriture est comme le serpent qui a bu le poison [1]. Il détournera les enfants de lire le poëme

[1] Le manuscrit arabe de la biblioth. Refaiya raconte que Djâhis (جاحظ), l'auteur du *Livre des animaux* (كتاب الحيوان; manus-

d'Ibn-Hadjdjâdj, et, s'il les y surprend, il doit les frapper pour cette faute. A ce genre appartient le diwān de Pâri Addallāl, dans lequel il n'y a rien de bon; il doit les frapper aussi pour cette faute, de même que pour la lecture des poésies où les Râfidhites attaquent la mémoire des membres de la famille du Prophète[1]. Il ne doit leur faire connaître rien de cela; mais il leur enseignera les poésies dans lesquelles les compagnons du Prophète sont loués, et qui imprimeront le respect dans leurs jeunes cœurs.

CHAPITRE XXXIX.

INSPECTION DES TRIBUTAIRES (اهل الذمّة), LES JUIFS ET LES CHRÉTIENS.

Une convention avec les tributaires ne reçoit sa

crit arabe de la Bibliothèque impériale de Vienne, N. F. 151), ayant vu une femme qui avait appris à écrire, dit : « C'est un serpent abreuvé de poison. » L'observation qu'on voit ici a été faite aussi par l'émir Abd-el-Kader, qui s'était, il y a quelques années, rendu si fameux en Algérie. Voyez le rapport que M. Reinaud adressa, en 1855, à M. Fortoul, alors ministre de l'instruction publique, sur un ouvrage de l'émir, qui a été ensuite traduit en entier par M. Gustave Dugat (*Moniteur universel* du 9 juillet 1855).

[1] Il s'agit ici des Schyytes, qui dominent maintenant en Perse, et qui, ne reconnaissant de droits à l'autorité que dans la personne d'Ali, cousin et gendre de Mahomet, et dans la personne de ses descendants, professent une haine mortelle contre les trois premiers khalifes et la plupart des autres compagnons du Prophète. On trouvera à ce sujet des détails précis dans l'ouvrage de M. Reinaud intitulé *Monuments arabes, persans et turks du cabinet du duc de Blacas.*

valeur que de l'imam ou de celui qui en tient la place.

La protection ne sera accordée qu'à celui qui suit un livre inspiré ou une ressemblance de livre inspiré, comme les juifs, les chrétiens et les mages (المجوس); mais ceux qui ne reconnaissent pas de livre révélé ni une ressemblance d'un tel livre, comme les polythéistes et les adorateurs des idoles, et ceux qui professent le manichéisme (dualisme, زَنْدَقَة), avec ceux-là il n'est pas permis de conclure la convention de la protection; on ne les maintiendra pas dans leurs conditions et l'on n'acceptera d'eux que l'islamisme.

PREMIÈRE SECTION.

Il convient de ne leur accorder que la stipulation que le khalife Omar Ibn-Alkhattab leur donna dans sa lettre concernant la capitation (الجزية) qu'il imposa aux tributaires : ils doivent porter une pièce d'étoffe jaune sur leurs habits[1]. Si c'est un juif, il coudra sur son flanc une bande rouge ou jaune[2]; si c'est un chrétien, il doit ceindre une ceinture (الزنار, cf. Zamakschari, مقدمة, ed. Wetzstein, I, 51) dans le milieu de son corps, et suspendre dans son milieu des croix. Les bottines des femmes ne doivent

[1] الغيار. Cf. de Sacy, *Chrest. arabe*, I, 146, note 29.

[2] Il en fut de même dans le moyen âge en Europe, comme M. Hullmann l'a décrit.

pas être différentes, l'une blanche et l'autre noire. Si le tributaire se rend au bain, il doit avoir à son cou un collier de fer ou de cuivre, ou de plomb, afin qu'il se distingue des hommes de notre religion. Le muhtasib les empêchera d'aller à cheval, de porter des armes et de ceindre l'épée; et, s'ils montent des mulets, ils doivent les monter avec les mains dans la largeur d'un seul côté. Ils ne doivent point bâtir de maisons plus hautes que celles des musulmans, ni se presser dans les rues avec les musulmans; ils doivent se tenir dans la partie la plus étroite du chemin et ne pas donner les premiers la salutation. Ils ne doivent pas être invités à se mettre à leur aise dans les séances. Que l'obligation leur soit imposée de régaler ceux des musulmans qui voyagent, et de recueillir les musulmans qui descendent chez eux, dans leurs maisons et leurs églises. Il leur est défendu de faire un usage public du vin et du porc, de réciter à haute voix la Thorât (le Pentateuque) et l'Évangile, de faire sonner les cloches, de célébrer publiquement leurs fêtes et d'élever la voix dans les funérailles de leurs morts. Tout cela leur a été ordonné par Omar dans sa lettre. Le muhtasib doit veiller à les maintenir dans les mêmes conditions.

IIe SECTION.

La capitation est réglée d'après certaines catégories : le pauvre et le nécessiteux payent un dinar;

celui qui a une fortune médiocre paye deux dinars, les riches, quatre dinars par tête. Quand le percepteur vient pour lever la capitation, il fait chercher et conduire le dzimmy devant lui avec la main dans son sein; puis il le frappe sur un côté de son cou et lui dit: *Donne-moi la capitation, infidèle.* Alors l'infidèle tire sa main, qui était placée sur la capitation dans son sein, et la lui donne avec promptitude et modestie. Outre le payement de la capitation, l'infidèle s'oblige à se conformer à la loi musulmane, à ne pas combattre contre les musulmans, à ne pas commettre d'adultère avec une femme musulmane, à ne pas la prendre en mariage, à ne pas inspirer à un musulman des soupçons contre sa religion pour le faire apostasier, à ne pas donner l'hospitalité aux idolâtres, à ne pas divulguer ce qui pourrait faire tort aux musulmans. Le lien de la protection est déchiré dans tous les cas dont nous parlons; le tributaire est tué à l'instant et sa fortune confisquée: telles sont les conditions de la stipulation, et le devoir du muhtasib est de veiller à leur observation.

Copie de la convention avec les tributaires, avec les témoins des juifs et des chrétiens.

Nous communiquons ici le texte arabe de la convention conclue avec les juifs et les chrétiens, qui, je crois, n'a pas encore été publié.

نسخة اشهاد على اهل الذمّة اشهد عليه كلّ من فلان
وفلان النصارى الملكيّين واليعاقبة واليهود الربان والقرائى
والسمرة شهود للاشهاد الرعى انه قال، سالناكم الامان
لانفسنا وذرارينا واموالنا واهالينا واهل ملّتنا وشرطنا
لكم على انفسنا ان لا نحدث فى مدينتنا ولا فيما حولها
ديرًا ولا كنيسةً ولا قلاية ولا صومعة لراهب ولا نجدّدها
اذا خربت ولا نحيى ما كان منها فى خطط المسلمين ولا
نمنع كنايسنا واديرتنا ان ينزلها احد من المسلمين فى
ليل او نهار وان نوسع ابوابها للمارّة وابن السّبيل وان
ننزل من مربنا من المسلمين ثلاثة ايّام نطعمهم بالضّيافة
ولا نعلم اولادنا القران ولا نظهر شركا ولا ندعوا اليه
احدا من المسلمين ولا نمنع احدا من ذوى قرابتنا
الدخول فى الاسلام اذا ارادوه وان نوقر المسلمين ونقوم

[1] Manuscrit de Vienne, fol. 42 v° 43 r°. Cette convention manque dans le manuscrit de la biblioth. Refaiya.

لاكابرهم من مجالسنا اذا ارادوا الجلوس ولا نتشبه بهم فى شئ من ملبوسهم حتى العمامة والنعلين وفرق الشعر ولا نتكلم بكلامهم ولا نتكنى بكناهم ولا نركب السّروج ولا نتقلّد السّيوف ولا نتّخذ شيًّا من السلاح ولا نحمله ولا ننقش على خواتمنا بالعربيّة ولا نظهر بيع الخمر ولا نجز مقادم رؤسنا وان نلزم زينا حيث ما كنا وان نشد زنانيرنا على اوساطنا وان لا نظهر صلبانا وكتبنا فى شى من مجالس المسلمين واسواقهم وطرقهم ولا نرفع اصواتنا بالقراة فى كنايسنا ولا غيرها بحضرة المسلمين ولا نخرج فى الشعانين والاعياد جمعا ولا نرفع اصواتنا مع موتانا ولا نظهر النيران معهم فى طرق المسلمين ولا اسواقهم ولا نجاورهم بموتانا ولا نتّخذ من الرقيق من جرت عليه سهام المسلمين ولا نطلع عليهم فى منازلهم ولا نضرب احدًا من المسلمين ولا نشتمه ولا نشترى شيئًا من سبايا المسلمين وان نلزم احكام حكّام المسلمين فيما يجب علينا فى الشريعة ولا نحارب المسلمين ولا نعين عليهم بوجه من الوجوه وقد شرطنا لكم ذلك على انفسنا واهل ملّتنا وقبلنا عليه الامان على ان تعطونا ذمّة ٱللّه وذمّة المسلمين ان لا يكلّف احد منا ما لا طاقة له به ولا غير ما شرط عليه ولا يظلم احد منا فى نفس ولا ولد ولا آل ولا معبد ولا اتباع وان

من ظلم احدا منا كان على المسلمين ردّه وردّ المظلمة على
صاحبها ومن خالف ذلك منا فلا ذمة له ولا عهد
وحلّ لكم منه ما يحلّ من اهل المعاندة والشقاق ، وسالوا
ذلك لانفسهم وان يقروا على ما شرط عليهم على الحكم
المشروح اعلاه بعد اشهاد كلّ منهم على نفسه في حال
الصحّة والسّلامة فاقروا على ذلك سائلين راغبين فمن نكث
فانّما ينكث على نفسه ومن وفّى نجا ومن يتق الله يجعل له
مخرجًا ومن بدلها رقى ، الناسخ الفلانى ،

انتهى

« Tels et tels d'entre les chrétiens melchites et jakobites, d'entre les juifs tant rabbanites que caraïtes, et d'entre les Samaritains [1], déclarent :

« Nous vous demandons la sûreté pour nos âmes, nos enfants, nos fortunes, nos gens et les gens de notre foi, et nous vous garantissons sur notre âme que nous n'érigerons pas un monastère nouveau dans notre ville ni dans ses environs, ni une église, ni une cellule, ni une chapelle pour un moine; que nous ne relèverons pas les bâtiments qui ont été dévastés et qui se trouvent sur un terrain musulman; que nous ne fermerons pas nos églises ni nos monastères, si quelqu'un des musulmans y descend dans la nuit ou durant le jour; que nous tiendrons

[1] Juynboll, *Commentarii in hist. gent. Samaritanæ*, Leyde, 1846, p. 166, note II.

nos portes ouvertes pour les passants et les voyageurs. Si quelque musulman passe et descend chez nous, nous le recueillerons et le garderons chez nous trois jours, pendant lesquels nous le régalerons d'après notre hospitalité [1]. Nous n'enseignerons pas à nos enfants le Koran, et ne célébrerons pas publiquement notre culte [2]; nous ne ferons pas de prosélytes parmi les musulmans et nous n'empêcherons aucun de nos parents d'entrer dans l'islamisme s'il le désire. Nous respecterons les musulmans et nous nous lèverons devant leurs grands personnages dans nos sociétés s'ils veulent s'asseoir; nous ne nous égalerons pas à eux dans quelque chose de leur costume, notamment pour le turban, les deux sandales et la coiffure en raie des cheveux; nous ne ferons pas usage, en parlant, de leurs paroles, nous ne prendrons pas leurs surnoms, nous ne monterons pas sur des selles, nous ne ceindrons pas l'épée, nous ne nous équiperons pas d'armures et ne porterons pas d'armes; nous ne marquerons pas sur nos cachets des légendes en langue arabe. De même, nous ne vendrons pas publiquement le vin,

[1] Le manuscrit arabe de la Bibliothèque impériale de Vienne. N. F. 281, contient l'ouvrage d'Abou-Bakr Mohammed Alwalid Attartousi, intitulé : سراج الملوك « Lumière des rois ». On lit au fol. 119 v° :
ولا ناوى فى كنايسنا ولا منازلنا جاسوسا ونكتم غشا للمسلمين
« Nous ne recevrons pas un espion dans nos églises ni dans nos domiciles, et nous ne cacherons pas ce qui pourrait faire tort aux musulmans. »

[2] Le manuscrit de Vienne porte شركا ; Attartousi donne la leçon شرعنا, que nous avons adoptée.

nous ne dépouillerons pas les parties antérieures de nos têtes, nous userons d'un costume étroit et juste, comme nous avons fait jusqu'ici. Nous ceindrons nos ceintures au milieu du corps, nous ne porterons pas ouvertement nos croix ni nos livres révélés dans des réunions de musulmans, ni dans les marchés, ni sur les routes; nous n'élèverons pas la voix en lisant dans nos églises [1] ni dans tout autre cas, en la présence des musulmans; nous ne sortirons pas des églises dans la fête des Palmes [2] ni dans les autres fêtes en général; nous n'élèverons pas la voix aux funérailles de nos morts; nous n'allumerons pas de flambeau sur le passage des musulmans ni dans leurs marchés; nous ne rapprocherons pas nos morts de leur personne en traversant les rues ou les marchés; nous ne prendrons pas pour esclaves ceux sur lesquels les musulmans ont eu des vues; nous ne regarderons pas d'en haut sur eux dans leurs maisons, nous ne battrons aucun d'eux, ni ne l'insulterons, ni n'achèterons personne de leurs prisonniers. Nous nous obligeons à suivre les ordres des gouverneurs et juges des musulmans dans ce que la loi nous impose, à ne pas combattre les musulmans, à ne pas empiéter sur leurs droits de quelque manière que ce soit. Nous garantissons cela pour nous-mêmes et pour les gens de notre

[1] Attartousi ajoute: « Nous ne sonnerons pas les cloches dans nos églises, du moins de manière à ce qu'elles soient entendues au loin. »

[2] عيد الشعانين. (Cf. Hamaker, *Wakidi*, p. 167 et suiv. Reinaud, *Extraits des historiens arabes des croisades*, Paris, 1829, p. 402.)

foi : tels sont nos engagements. Mais en retour vous nous donnez la protection de Dieu et la protection des musulmans; personne de nous ne sera chargé d'un devoir qu'il ne peut pas accomplir; on ne lui fera pas faire une chose qui n'a pas été stipulée; il ne sera fait d'injustice à aucun de nous, ni en sa personne, ni en celle de ses enfants, ni à sa famille, ni à l'égard de son culte, ni à sa suite (ses compagnons). Les injustices envers quelqu'un de nous, dont la réparation sera à la charge des musulmans, retomberont sur celui qui les a commises. Pour celui de nous qui aura violé cette stipulation, la protection et la valeur de la convention cessent à son égard, et il vous sera permis de le traiter comme vous traitez les hommes opiniâtres et hostiles. Ils ont demandé cela pour eux-mêmes, et s'ils observent et suivent strictement ce qui est stipulé, dans le sens qui vient d'être exposé, et conformément au témoignage de chacun d'eux pour lui-même dans la situation de la santé et de la sûreté, tant mieux; ils auront persévéré dans ce qu'ils ont demandé et désiré. Quiconque violera cette convention, celui-là ne fera injustice qu'à lui-même; pour celui qui l'accomplira tout à fait, celui-là sera sauvé; en effet, celui qui se confie en Dieu, Dieu lui ménage une issue. Quant à celui qui altérera cette copie, malheur à lui. Le copiste un tel[1]. »

[1] Pour plus de détails, voy. un traité complet sur la matière, composé en Égypte au XIVe siècle de notre ère, et publié en arabe et en français par M. Belin, drogman de l'ambassade de France à Cons-

CHAPITRE XL.

Nous sommes arrivé à la fin de notre tâche : ce dernier chapitre contiendra des remarques générales et particulières qui regardent l'inspection du muhtasib sur les gens de métiers; ce qui suffit au muhtasib dans la mise en lumière de leurs falsifications et de leurs tromperies; la règle d'après laquelle tous les cas qui se trouvent en dehors de ce cercle sont à juger et que nous n'avons pas mentionnés.

Je donnerai dans ce chapitre des détails sur les choses générales qui ont précédé, et je citerai ce qui est du devoir du muhtasib dans les affaires des sujets, et que nous n'avons pas encore rapporté. A ce genre appartiennent, 1° le *fouet* (سوط), qui doit être disposé de manière qu'il ne cause pas trop de douleur au corps, et qu'on n'ait pas à craindre quelque malheur en s'en servant; 2° le *nerf de bœuf* (الدِّرَّة), qui doit être fait avec une peau de bœuf ou de chameau, farcie de noyaux de fruits; et 3° le *tartour* ou *tourtour* (طَرْطور ou طُرْطور, voy. Dozy, *Dictionnaire des vêtements*, p. 263, le bonnet ridicule des coupables) de feutre, garni de pièces de drap de

tantinople, *Journal asiatique* de novembre 1851, p. 417 et suiv. et de février 1852, p. 97 et suiv. Le titre est : *Fetoua relatif à la condition des zimmis et particulièrement des chrétiens en pays musulmans, depuis l'établissement de l'islamisme jusqu'au milieu du VIIIe siècle de l'hégire.* Voy. aussi une notice de M. de Hammer, *Journal asiatique* du mois d'avril 1855, p. 393 et suiv. (Note de M. Reinaud.)

diverses couleurs, couronné de petits coquillages du genre de la conque de Vénus (جزع et ودع) et de clochettes, de queues de renard ou de chat. Ce bonnet doit être suspendu devant la demeure officielle du muhtasib, afin que tout le monde le puisse voir, que les cœurs des malfaiteurs soient effrayés et ceux des intrigants intimidés. Si le muhtasib rencontre quelqu'un qui boive du vin, il lui donne quarante coups de fouet, et s'il voit que la peau du délinquant en mérite davantage, il augmente les coups jusqu'à quatre-vingts. Ce fut ainsi que le khalife Omar donna à un buveur de vin quatre-vingts coups de fouet; d'après le fetwa d'Ali Ibn-Abi Thâlib, il le fit déshabiller, puis il éleva sa main avec le fouet, de manière à laisser apercevoir la blancheur de l'aisselle, et il appliqua les coups sur les deux épaules, les deux cuisses et les deux fesses. Si quelqu'un commet un adultère étant encore jeune, on le fouette devant la multitude des hommes, ainsi que le Dieu excellent l'a dit : *Que le peuple en masse soit présent au châtiment des deux coupables.* Pour la femme, en particulier, on la fouettera revêtue de son voile et de ses habits. Si l'homme est marié, les hommes se rassembleront hors de la ville, et le muhtasib leur ordonnera de le tuer à coups de pierres, comme le prophète l'a fait pour Mâiz (ماعز); si c'est une femme mariée, on creusera pour elle une fosse dans la terre, on l'y fera descendre, elle s'assiéra au milieu; alors le muhtasib ordonnera de la lapider, comme l'a fait le Prophète pour Acha-

Madjat. Mais tout cela ne sera exécuté qu'après que la vérité aura été constatée par-devant l'imam; ce n'est qu'alors que le muhtasib se chargera d'infliger le châtiment.

PREMIÈRE SECTION.

La *correction* (تعزير) par le muhtasib se règle d'après la situation des personnes et la nature de la faute. Il y a des hommes pour lesquels la réprimande par des paroles et des reproches suffira; mais il y en a qui doivent être frappés avec le fouet et qui sont insensibles aux peines corporelles légères (ادنى الحد); il y en a d'autres qui sont frappés avec le nerf de bœuf, revêtus du bonnet ridicule, et qu'on promène sur un chameau ou sur un âne. Si le muhtasib voit un homme porter du vin ou jouer d'un instrument tel que le luth (العود), la lyre (معزفة), le tambourin, la guitare, la harpe et la flûte, il lui fait une réprimande en rapport avec la situation de l'individu, après avoir répandu le vin sur la terre ou avoir brisé l'instrument. Il en est de même, s'il voit un homme étranger avec une femme étrangère dans un endroit solitaire ou sur un chemin.

Le muhtasib aura soin d'examiner les endroits dans lesquels les femmes demeurent, comme le marché des fils et des étoffes de lin, les bords des fleuves, les portes des bains des femmes et d'autres lieux; s'il voit un jeune homme se présenter à une femme et lui parler pour un autre objet que la négociation d'un achat ou d'une vente, il l'observe, il lui fait des réprimandes et lui défend de rester là; car il y a beaucoup de jeunes gens qui ont des intentions mauvaises, qui se tiennent debout dans ces endroits, et qui ne font pas autre chose que de lancer des œillades aux femmes.

Ainsi il doit fréquenter les assemblées des prédicateurs, et il ne permettra pas aux hommes de se mêler avec les femmes; pour cela on placera entre eux un rideau (ستارة). Quand l'assemblée sera dissoute et que la foule se retirera, les hommes sortiront d'un côté et les femmes d'un autre côté; quiconque se trouvera avec des jeunes gens sur la route des femmes sans nécessité sera réprimandé par le muhtasib. Il doit aussi fréquenter les cimetières, et s'il entend des femmes se lamentant et gémissant à cause de la perte de quelques parents, il les chassera et leur fera des réprimandes; car la lamentation est défendue, et le Prophète a dit : « Les femmes gémissantes et se lamentant, et la foule qui les entoure, seront jetées dans le feu de l'enfer! » Le muhtasib les dissuadera de visiter les tombeaux, car le Prophète a dit : « Que Dieu maudisse les femmes qui visitent les tombeaux! » Si un convoi sort d'une maison, il ordonne aux femmes de marcher en arrière des hommes, afin qu'elles ne se mêlent pas avec eux; il leur défend de dévoiler leur visage derrière le mort; et il commande à un crieur de publier cette défense dans toute la ville. Le mieux est qu'il les détourne de se joindre au convoi. Lorsqu'il entend parler de la conduite d'une femme publique ou d'une chanteuse, il lui fera des représentations sur sa vie criminelle: si elle persiste, il la réprimandera et la chassera de la ville. Il procède de la même manière avec les hermaphrodites et les jeunes hommes à la barbe pullulante qui excitent des scandales entre les hommes. Il défendra à l'hermaphrodite de raser sa barbe et d'entrer chez les femmes; quant au jeune homme qui n'a pas encore connu de femme, s'il rase sa barbe ou l'arrrache, c'est signe de mauvaise intention, et le muhtasib le réprimandera pour cela.

IIe SECTION.

Le muhtasib a l'inspection des mosquées, grandes et petites; il a soin de les conserver propres en les faisant balayer tous les jours. Il fera enlever les ordures, essuyer leurs murailles, laver les lustres et allumer les lampes toutes les nuits. Il ordonnera de fermer les portes après que la prière sera finie, et il les conservera libres des enfants et des fous. Il y a des endroits où l'on mange, où l'on dort, où l'on travaille, où l'on vend une marchandise, où l'on cherche une chose perdue ou égarée, où les hommes s'asseyent pour se raconter les nouvelles; mais la loi veut que les mosquées et les lieux saints soient préservés de cela. Le muhtasib engage par des exhortations les voisins de chaque mosquée à s'acquitter exactement de la prière et à donner des signes publics de leur foi, en compensation des impiétés qui sont proférées depuis quelque temps, et qui ne tendent à rien moins qu'à l'abrogation de la loi et à l'annulation des préceptes de l'islamisme.

Dans le minaret, personne ne fera l'azân qu'un homme juste, honnête et fidèle, qui soit au courant des heures de la prière; car le Prophète a dit : « Que les crieurs de la prière (les muezzins) soient fidèles, et que les imams s'en rendent garants. Que Dieu guide les imams dans la voie juste et droite, et qu'il pardonne aux muezzins! » Il convient que le muhtasib les examine sur la connaissance qu'ils ont acquise des heures de la prière; celui qui ne les sait pas ne pourra pas crier la prière (l'azân) jusqu'à ce qu'il les ait apprises; car quelquefois l'azân se fait à une heure indue; le peuple fait la prière avant le temps juste, et sa prière n'a pas de valeur : c'est une dérogation aux règles de la prière [1].

Il est bon que le muezzin soit un homme jeune et qu'il ait une belle voix; mais le muhtasib lui défendra d'employer dans l'azân une modulation ou une tirade; lui recommandera, lorsqu'il monte au minaret, de détourner les yeux des maisons voisines, et il recevra de lui un serment à ce sujet. Du reste, personne autre que le muezzin ne montera au minaret aux temps de la prière. Il convient que le

[1] Les grandes mosquées ont à leur service particulier des astronomes qui fixent les heures des offices pour tous les jours de l'année. Ces astronomes portent le titre spécial de موقت ou indicateur de l'heure. Parmi ces fonctionnaires, il y a eu des astronomes habiles. (Voy. l'introduction à la *Géographie* d'Aboulfeda, par M. Reinaud, p. 46.)

muezzin connaisse les mansions de la lune et la figure des étoiles dans chaque mansion de la lune, afin qu'il distingue les moments de la nuit et qu'il suive le cours de ses heures. Les mansions sont au nombre de vingt-huit [1]; l'aube apparaît dans chaque mansion pendant treize jours, puis elle passe à la mansion voisine. Quand il a reconnu la mansion dans laquelle l'aube éclate, il regarde la mansion qui se présente dans le milieu du ciel; alors il distingue l'orient et l'occident, et combien de mansions se trouvent entre l'aube et le matin [2]. Ces notions lui sont indispensables pour ses fonctions; mais un exposé plus long nous mènerait trop loin.

Il est permis au muezzin de recevoir un salaire pour l'azân; mais les imams ne peuvent pas en recevoir pour la prière et les autres fonctions de l'imamat. Le muhtasib commande aux lecteurs du Koran de le lire avec une voix douce et en appuyant sur chaque mot (مرتّلا), ainsi que Dieu l'excellent l'a commandé [3]; mais il leur défend de lire le Koran avec une modulation chantante; car une telle lec-

[1] Voy. le manuscrit arabe de la biblioth. Refaiya; le tableau qui s'y trouve a été expliqué dans l'ouvrage d'Ideler, *Untersuchungen über den Ursprung der Sternnamen*, p. 287-289. Le plus ancien des traités arabes qui renferment la liste des vingt-huit mansions lunaires est celui d'Alfergany, composé sous le khalifat d'Almamoun. On trouvera de longs détails sur la nature et l'usage de ces constellations dans l'introduction à la *Géographie* d'Aboulfeda, par M. Reinaud, p. 184 et suiv. et dans son Mémoire sur l'Inde, p. 355 et suiv.

[2] Le reste, jusqu'à la section suivante, manque dans le manuscrit de la Refaiya.

[3] Sourate LXXIII, v. 4. (Note de M. Reinaud.)

ture serait comme la modulation ou la récitation des vaudevilles et poésies, et la loi l'a défendu. Ils ne doivent pas se rendre aux funérailles, à moins qu'ils ne soient demandés par l'inspecteur des morts (ولّى الميت). Que si on leur donne quelque chose au delà de la stipulation légale en manière d'aumône, il leur est permis de le prendre; mais ils ne peuvent pas stipuler pour eux-mêmes, et le muhtasib doit les surveiller en cela. Personne ne lavera les morts, si ce n'est des personnes honnêtes et fidèles, qui ont lu le chapitre des funérailles dans le droit canonique et qui connaissent ses arrêts. Le muhtasib les examinera; celui qui connaît les arrêts et est en état de les appliquer est maintenu dans ses fonctions, et celui qui ne les connaît pas est dépossédé de son office jusqu'à ce qu'il les ait appris. Il défend aux crieurs, aux mendiants, etc. de lire le Koran dans les marchés, car la loi a prohibé cela. Il défend aussi de réciter les poëmes que les râfidhites ont composés contre les membres de la famille du Prophète, s'agirait-il d'un seul hémystiche; car tout cela ne pourrait que monter la tête au peuple [1].

IIIe SECTION.

Il convient que le muhtasib se rende aux séances des juges et des gouverneurs (préfets) chargés de décider des affaires litigieuses. Quelquefois il arrive qu'un homme qui a l'écoulement du sperme entre

[1] Voy. ci-devant, p. 217.

chez lui dans l'état d'impureté légale, ou bien c'est une femme qui a ses règles, ou un tributaire, ou un enfant, ou un fou; en un mot, ce sont des personnes qui n'ont pas soin de se tenir pures de souillures, et ainsi elles feraient dommage aux mosquées et souilleraient leur intérieur. Des voix s'élèvent quelquefois, un tumulte survient à la suite de l'affluence des hommes. La loi a prévu tout cela.

J'ai vu écrit, dans l'ouvrage d'Aboulkâsim Al-dhumairi, que le khalife de Bagdad Almustazhir-billah chargea des fonctions de muhtasib à Bagdad un homme qui faisait profession des doctrines de l'imam Schâfèi; celui-ci se rendit à la grande mosquée, et y trouvant le juge des juges occupé à décider une affaire litigieuse entre deux parties, il s'exprima ainsi: « Salut à vous! Dieu l'excellent a dit[1] : « J'assisterai « ceux qui, mis en possession de ce pays, observent « exactement la prière, font l'aumône, commandent « le bien et interdisent le mal. Dieu est le terme de « toutes choses. » Dieu le glorieux a mis son khalife Almustazhir-billah, le prince des croyants, en possession de sa terre, et a étendu sa main pour le triomphe du bien et l'extirpation du mal. Dieu nous a faits, moi et toi, ses lieutenants pour conserver et accomplir les arrêts divins d'après ses ordres; quiconque viole les arrêts divins se fait tort à lui-même; nous devons être les premiers à exécuter ces arrêts, à maintenir ce que Dieu nous a commandé et à éviter ce qu'il a défendu. C'est afin que le peuple nous

[1] Sourate XXII, vers. 42.

imite; car nous sommes *le sel* du pays, et nous devons remettre en ordre ce qui est corrompu. Si les affaires des hommes se dérangent, qui les rétablira? Ta séance ici dans la mosquée n'a pas de profit et ne convient pas à la mosquée. Est-ce que tu ne connais pas cette parole de Dieu [1]: «Dans les maisons, «que Dieu a laissé élever pour que son nom y soit «répété des hommes, que le commerce et les con-«trats ne distraient point du souvenir de Dieu, de la «stricte observance de la prière et de l'aumône; qu'on «y célèbre ses louanges chaque jour, matin et soir?» Rien de ce qui a lieu ici n'est en harmonie avec la parole de Dieu, ni la situation dans laquelle tu te trouves à présent, ni si une femme entrait chez toi pour plaider avec son mari, ayant avec elle un enfant qui pissât dans l'intérieur de la mosquée, ni si un homme marchait dans la mosquée couvert de saleté, en costume de muletier, ni si des voix s'élevaient au dehors avec un bruit confus, ni si un homme qui a l'écoulement du sperme ou une femme qui a ses règles entrait chez toi. Tout cela a été condamné par notre Prophète. Ainsi ta séance se tiendra mieux dans le milieu de la ville, où la présence des parties ne sera pas incommode et pleine de dangers pour le peuple; salut!» Là-dessus le kadi se leva, et s'abstint désormais de siéger dans la grande mosquée pour la décision des affaires litigieuses.

Si le muhtasib voit dans la salle de justice un homme bizarre, qui se moque de la sentence du juge

[1] Sourate XXIV, v. 36, 37.

ou qui n'obéit pas aux arrêts de la loi, il le réprimande pour cela; de même s'il voit que le juge est sévère pour quelqu'un ou l'insulte dans ses paroles, il lui fait des représentations et le ramène à la crainte du Dieu excellent; en effet, il n'est pas permis au kadi de décider en état de colère, de se permettre aucune raillerie ni d'être grossier et rude. Il ne convient pas non plus que ses subordonnés et ses satellites soient sévères; et si parmi eux il y a un jeune homme d'une belle figure, le kadi ne l'enverra pas auprès des femmes.

Les agents de police (الوكلا) qui se tiennent devant le gouverneur n'ont pas maintenant (au temps de l'auteur) un bon caractère, et ils ne sont d'aucune utilité pour les affaires publiques. La plupart d'entre eux ont peu de religion et reçoivent des cadeaux des deux parties. La justice est oppressive et le droit est refusé à celui qui le réclame et qui le possède; si, au lieu de recourir à des intermédiaires, les deux parties étaient appelées en même temps devant le gouverneur, la vérité jaillirait sans peine du choc de leurs paroles, et il y aurait profit à se passer des agents. Cependant si une femme honorable et un enfant ont besoin d'un avocat, le gouverneur doit leur assigner un homme qui prenne leur défense.

IVe SECTION.

Le muhtasib doit se rendre aux séances des émirs et des préfets, et leur recommander d'observer le bien et d'éviter le mal; il les exhortera à user de clémence envers le peuple et à lui faire du bien; il leur rappellera ce qui se trouve à ce sujet dans le recueil des traditions du Prophète : que dans ses exhortations et ses blâmes, il use de bonté, de douceur et de politesse; qu'il soit agréable dans ses discours, et affable dans ses manières, car le Dieu très-haut a dit à son Prophète : « Si tu es un homme grossier et rude dans le cœur, ils se sépareront de toi et de ton parti. » Nous avons déjà raconté ce qui arriva à Almamoun.

Ve SECTION.

Dans tout ce qui ressemble aux arts et aux métiers déjà mentionnés dans ce mémoire, le muhtasib doit avoir toute l'expérience de son office. Dès-lors, l'inspection qu'il a à exercer sur eux et la découverte de leurs tromperies lui seront faciles. C'est ainsi qu'il ordonnera aux marchands de légumes de vendre les légumes lavés du fumier, nettoyés du foin; mais il leur défendra de laver l'oignon, l'ail, et les dattes mûres; car l'eau augmente leur odeur de graisse et leur puanteur. Si quelque partie de leur marchandise passe une nuit dans la boutique, ils ne doivent pas mêler le légume de la veille avec le légume du jour.

On ne pourra pas vendre des melons, des concombres, des figues et des dattes véreuses, non plus que ce qui a déjà dépassé sa maturité, au point que son écorce soit devenue ferme et dure, et qu'on soit obligé de la briser avec un bâton ou un marteau. Il en est de même des fèves d'Égypte, etc. Si des légumes commencent à vieillir, on doit y répandre du sel râpé et du thym (*thymum serpyllum*) pour les conserver. Le muhtasib contrôlera les ruses des marchands; par exemple, ils creusent une pièce de bois d'après une certaine proportion; la longueur en est d'un empan à peu près, et la partie creusée dans l'intérieur a la longueur de quatre doigts; mais comme les hommes n'en connaissent pas au juste la longueur et l'étendue, ils sont victimes de certaines tromperies. De même les blanchisseurs d'habits; il leur est défendu de laver les habits des hommes avec de l'eau d'alkali et de la chaux vive (النورة), du natron et d'une couleur blanche mêlée avec du bleu (النيلة); car cela cause du dommage aux habits et les use promptement. Il en est de même des porteurs d'eau et des colporteurs d'outres remplies d'eau; le muhtasib leur commande de descendre dans la rivière loin des rives et des endroits où s'amassent les saletés; ils ne doivent pas puiser l'eau du fleuve dans le voisinage des latrines ou du ruisseau d'un bain; qu'ils aillent au delà et qu'ils s'éloignent de son embouchure. Il leur ordonne d'attacher au cou de leurs bêtes des clochettes et des cliquets de fer et de cuivre, afin que, si elles passent dans les marchés, on les entende de loin, et que les aveugles se garent de même que les enfants et les gens distraits. Dans le même cas sont les mukâris, qui louent des mulets, etc. On ne doit pas charger les bêtes de fardeaux plus lourds qu'elles n'en peuvent porter, ni, quand elles sont chargées, les mener grand train, ni les frapper trop fort, ni les laisser debout dans les cours le dos chargé : tout cela est défendu par la loi. Le devoir de ces hommes est de craindre le Dieu glorieux et excellent. Que s'ils donnent du fourrage aux bêtes, ils doivent leur procurer une nourriture abondante et suffisante pour les rassasier.

L'étendue de ce traité n'est pas petite. Si je voulais parler de tout ce qui fait partie de l'office du muhtasib, mon mémoire serait encore plus long; mais je me suis contenté de donner les principes et les maximes d'après lesquels le muhtasib pourra décider tous les cas analogues.

Le muhtasib est l'officier chargé d'expédier les affaires de police, et la Hisba est la loi purifiée; tout ce que la loi défend est illicite, et le muhtasib doit le réprimer; ce que la loi permet, il lui laisse suivre son cours. C'est pourquoi nous avons dit au commencement de l'ouvrage qu'il fallait que le muhtasib fût initié au droit canonique et qu'il connût les arrêts de la loi. S'il les ignore, les affaires s'embrouilleront, et il s'exposera aux choses illicites.

FIN.

www.ingramcontent.com/pod-product-compliance
Ingram Content Group UK Ltd.
Pitfield, Milton Keynes, MK11 3LW, UK
UKHW021058230726
13926UKWH00004B/1933

9 782014 075052